गरूर

जगदीप दुबे

Two Dogri Stage Play

By

Jagdeep Dubey

पैहला पुज्ज	-	500
मुल्ल	-	300₹
ISBN	-	978.93.84533.55.7
छापक	-	AMIGA PRESS INC.
मिलने दा पता	-	28ए, इंद्रा पार्क, चंदर नगर, दिल्ली–51, भारत
दूरभाष	-	+91–98736–57000 011–22504028
ई–मेल	-	amigapress@gmail.com
प्रकाशन ब'रा	-	2018
प्रकाशक	-	रचनाकार कला साहित्य अकादमी-ऊधमपुर
मिलने दा पता	-	आदर्श कालोनी वार्ड नं.2, ऊधमपुर, 182101
मेबाईल	-	9419159772, 7006089575, 9419157708

समर्पण

रंगकर्मिएं गी

जगदीप दुबे

रंगमंच गी सब्भने कलाएं दी जननी मन्नेआ जंदा ऐ ते इस माध्यम कन्नै जे किश बी लोकैं तगर पुज्जग ओह् मता प्रभावशाली होंदा ऐ। डुग्गर खेत्तर दी लोक गाथाएं गी दर्शकें तक्कर पजाने दी कोशिश लेई जगदीप दुबे हुन्दी सराहना कित्ती जाग, उ'नें गी प्रशंसा थ्होग। अपने पछोकड़ दी खोज़ करनी, पूजा–विधान, रीति–रिवाजें, परम्पराएं अनुष्ठानें, लोक वार्ता, गीतें, कथाएं, मुहावरें, लोकोक्तियैं दे माध्यम कन्नै अपने समृद्ध अतीत गी तुप्पी सेई करना अज्ज दे समें च पूरे आलमी स्तरै र इस गल्लै र जोर दिता जारदा ऐ। खास करियै विकसित संसार च युवा पीढ़ी अपने अतीत दे खजाने नै पनछान करने ते अनुष्ठानें, रीति–रवाजें, परम्पराएं ते लोक प्रथाएं च मौजूद लोक–ज्ञान गी परतियै जीवत करियै अपने आप गी होर समृद्ध करनै च रुचि दस्सादी ऐ। अंतर्राष्ट्रीय स्तर उप्पर कलात्मक ढंगै दा इस्तेमाल करियै अपनी समृद्ध वरासत ते लोक कथाएं दी सांभ–संभाल ते ओह्दे प्रसार लेई इक बड्डा अंदोलन चलादा ऐ।

जगदीप दुबे हुन्दा "गलूर" दौं मती खूबसूरत डोगरी लोक–कथाएं दा प्रभावी नाटकीकरण उसलै सामनै आया जिसल्लै दुनिया दे बुद्धिजीवी इयै जनेह साहित्य दी रचना उप्पर जोर देआरदे न। इस किसमे दे महत्वपूर्ण कम्मे दी मंग बधादी ऐ ते बुद्धिजीवी वर्ग इस्सी पसंद करादा ऐ। अज्जे दे समें नै सरबंधित मते हारे नाटक लिखे जा'रदे न, अज्जे दे समें कन्नै जुड़े दे होने करी उनेंगी प्रशंसा बी थ्होआदी ऐ, पर तेजी नै बदलदी दुनिया च ओह् अपना असर मुहादे न ते कुसै अखबार दी कहानी जन बनी जारदे न। जगदीप दुबे दे नाटक "गलूर" ते "पैह्‌र ध्याड़ा" दी प्रसंगिकता ते

महत्ता कदैं गुआचन नेईं लगी सगुआं औनै आह्लै समय च होर मती बधग। होई सकदा अज्ज लोक इस किसमे दे कम्मे दी मती सराहना नेईं करन, लेकिन जियां के दुनिया दे रंगमची केंद्रें'र मेरा औना-जाना रौह्दा ते रंगमंच कन्नै जुड़े दे, दुनिया दे मन्ने-परमन्ने रंगकर्मिएं कन्नै मेरी गल्लबात होन्दी रौंह्दी। अंऊ ए साफ-साफ दिक्खाना जे औने आह्लै बक्त च इस किसम दे कम्मे दा मता मुल्ल ते महत्ता होग। अंऊ अपने आप गी खुशकिस्मत मन्नना ते 1995 च उधमपुर च मैं "गलूर" नाटक दा पैहले मंचन दा इक दर्शक बनेआ। इस नाटक दा निर्देशन जगदीप दुबे होरें गै किता हा। उनै दिनै अंऊ जम्मू-कश्मीर कला, संस्कृति ते भाषा अकादमी दे सचिव दे तौरा पर कम्म करादा हा ते उधमपुर जिलै दे नाटक उत्सव दा उदघाटन करने गी उत्थैं गेदा हा। ईमानदारी नै आखा तां उस बेल्लै "गलूर" नाटक दा मंचन मेरे मनै ते दमाकै'र कोई मता प्रभाव नेंईं हा पाई सकेआ। पर हून जेह्ड़ा मैं गलूर पढ़ेआ ओह् 1995 दे गलूर कोला दे मंचन कोला भलेआं बक्ख हा। शायद दुबे नै परतियै पूरी नाटकीय कारवाई गी दुई बारी लिखेआ ते नमीं बुनतर पाई। इक थिएटर डारैक्टर होनै दे नातै अंऊ उ'नें नाटककारें दा सख्त आलोचक आं जेह्ड़े अपने नाटकीय ढांचै च डिजाइनरें, डरैक्टरें ते कलाकारें दे कल्पनाएं दे फंगड़ू काप्पी टंकादे न ते नाटक च कोई नमीं सोच दी संभ्भावनाएं गी जिल्ली-मारी दिन्दे न। मते हारे नाटककार निक्की-निक्की गल्ल लेई बी अपनी तरफा हिदायतां लिखी रखदे न, ते निर्देशक ते कलाकारें गी अपनी लेखनी दे पिंजरै च कैद करी टकांदे न। लेकिन इनें दौं नाटकैं च दुबे होरें कल्पनाशील निदेशकें ते कलाकारें गी अपने कल्पना ते समझ दे फंघड़ू खोलने ते उड्डरने लेई पूरा घास खाली रक्खादा ऐ। मैं इस गल्ला लेई दुबे हुन्दी सराहना करना, ओह पूरा मौका दिन्दे न जे इने सार्वभौमिक विषें च अपनी मन मर्ज़ी दा विस्तार

करन। हालांकि दौंनी नाटकै च किश टकोह्दियां गल्लां न पर "पैह्‌र ध्याड़ा" दी रचना मेरे लेई किश चुनौतियां सामनै रखदी ऐ ते मिगी लोकैं दे सामनै मंच उप्पर किश नमां पेश करने गी प्रेरित करदी ऐ। इस नाटक च दुबें होरैं पाठकें गी साढ़े रोज़मर्रा दे जीवन च किश अनुष्ठानें ते मान्यताएं दे प्रासंगिकता ते महत्व दा वर्णन करने आह्‌ली स्थितिएं गी बड़े बेहतर ढंगै कन्नै रचा दा ऐ ते पाठकें लेई अपनी इस कलाकारी कन्नै सांस्कृतिक माहौल दा इक पात्तर बनाने दी प्रभावी कोशिश किती दी ऐ। नाटक दै शुरु च होई सकदा ऐ जे एह्‌ गल्लां पाठके गी फजूल जन सेई होन। पर मिगी व्यक्तिगत तौरा'र पता ऐ जे साढ़े ग्राई जीवन दी किश मान्यताएं गी चंगी चाल्ली समझी सकना की जे मेरा बचपन इनें रीति–रवाजें ते मान्यताएं गी जींदे ते पींदे गै पलेआ–मठोआ ऐ ते औं ए आखगा जे नाटकीय कारवाई नाटक च किश चिरैं शुरु होंदी ऐ। अद्धा नाटक पढ़नै परैन्त मिगी एह्‌ नाटक महान संगीत रचनाएं दा चेत्ता करान लगा। जेदै च निदेशके अपनी कल्पना शक्ति दा प्रयोग करियै मंच उप्पर काव्यात्मक दृश्य पेश करियै दर्शकें गी मंत्रमुग्ध करी सकदा। मंच र प्रभावी ढंग कन्नै संगीत ते सुरें गी उबारियै इस नाटक गी अमर प्रस्तुतिएं च शामल कीता जाई सकदा। इस दृश्य गी पढ़नै दे बाद मिगी ए महसूस होआ जे ए रचना इक ऐसी रचना ऐ जेह्‌दै च क्षमता ते ताकत ऐ जेह्‌ड़ी सदा–सदा लेई उस्सी अमर रचना बनाई देग। डुग्गर दे प्हाड़ी इलाकै च ए धारणा ऐ जे चढदी गर्मिएं कोला लेइयै मुकदी बरसांती तक्कर इक पक्खरु इक नमीं ब्याही दी कुड़िए दी दुखद कत्थ अम्बरैं र गाई–गाई सनांदा ऐ, "पैह्‌र ध्याडा–पैह्‌र ध्याडा"। उस कथा दा जगदीप दुबे नै बडा खूबसूरत नाटिकीकरण किता दा ते उस बेल्लै जनानिएं दी दशा दे बारै च मतिआं शैल स्थितियां पैदा करियै दस्सेआ ऐ। अंऊ इक होर चीज़ गी मन्नना ऐ जे कोई बी नाटक उसलै गै

पूरा नाटक बनदा ऐ जिसलै ओह् नाटककार दे हत्थें चा निकली निर्देशकें, डिजाईनरें ते कलाकारें दे हत्थै च पुजदा ऐ ते ओह् उस्सी अपनी कल्पनाशीलता कन्नै इक चित्र बनाइयै दर्शकें तगर पंजादे न। मिगी छढ़ा जकीन गै नेईं पक्का विशवास ऐ जे "पैह्र ध्याड़ा" निर्देशक ते कलाकारें दी इने प्रक्रियाएं चा निकली ऐ पूरी चाल्ली इक नमीं रचना बनी सामनै औग ते जगदीप दुबे दे इस स्क्रिप्ट राएं अपनी नमीं ते खास पनछान बनाग।

डोगरी च मते हारे स्क्रिप्ट पहलैं छपदे न ते ओह्दे बाद निर्देशक ते कलाकारैं राएं दर्शकें तगर पुजदे न पर बाहरले मुल्खैं च ऐसा नेईं होंदा। उत्थैं पहलै स्क्रिप्ट गी निर्देशक, कलाकारै ते डिजाइनरें गी सौंपी दिता जंदा, ओ इसगी होर शंगारदे ते दर्शकें तक्कर पजांदे न। मते वारी किश तबदीलियां करनियां पौंदियां ते उसदै परैन्त उस्सी छापेआ जंदा ऐ। इक उदाहरण दिन्ना औं तुसें गी। हबीब तनबीर होरें राजस्थानी लोक कथा 'चरनदास चोर' गी छत्तीसगढ़ी नाटक च बदलेआ ते इसगी सैकड़ें बारी मंचित किता तां जाइयै इसगी छापेआ। इस कन्नै नाटक च जान औंदी ऐ।

पैह्ला नाटक "गलूर" इक मती शैल बुनत्तर कन्नै बुनेआ गेदा ते एह् भावनात्मकता कन्नै भरोचा दा नाटक ऐ। ए नाटक असाधारण बलिदान दी कहानी ऐ। उस बेल्ले दे शासकें दी कहानी ऐ जेह्ड़े लोकें दे कल्याण ते सेवा च विश्वास रखदे हे। उंदे आस्तै सब किश बलिदान करी दिन्दे हे। अज्जै कल्लै दे शासक जेह्ड़े लोकें दा खून चूसना अपना जन्म सिद्ध अधिकार समझदे न। पर ओह् शासक जनता दी भलाई आस्तै गै जींदे हे ते उंदे आस्तै जिंदू दी आहुति बी देई दिंदे हे। भावनात्मक अपील गी उजागर करने दे उद्देश्य गी लेइयै परिस्थितिएं गी पैदा करनै च नाटककार दी पकड़

सराहने जोग ऐ। औं समझना ऐं जे जगदीप दुबे दियां एह् दमैं रचना साढ़े डुग्गर प्रदेश दी सांस्कृतिक लोकाआचारें दी प्रतिनिधियां बननै दे लायक न। नाटकें दी संवादात्मकता गी होर शैल ते असरदार बनाने लेई "भाख" जनेही लोक पंरमपराएं दा सुंदर उपयोग करने दी कला नाटककार दी अजेही परंपराएं उप्पर निपुणता दै बारै च दसदी ऐ। लोक इनें लोक रूपें गी अपने नाटकें च सुरखी बिंदी लाई शैल बनाने दी कोशिश करदे न, पर दुबे होरें इस लोक शैली, लोक कलाएं दा कामयाबी कन्नै इस्तेमाल करियै नाटकैं च आत्मा पाई दिती ऐ।

जियां के मैं पैह्लें गै आखी बैठां ऐ जे दौनी नाटकें च बड़े सारे ऐसे तत्व न जेह्ड़े इनें नाटकें दी बक्खरी ते टकोह्दी पनशान बनांदे न। जेकर इनें नाटकें दा मंचन कल्पना, सूझ–बूझ ते मैह्नत कन्नै किता जा तां ए नाटक भारती लोक कथाएं र अधारित नाटकें चा सिर कढदे नाटक होंगन।

असें नाटक लेखन 1984 च शुरु किता हा, अंदू कोला लेइयै हुनै तगर मंच आस्तै कोई (30) त्रीऽ नाटक लिखें। नाटकें दे प्रकाशन आस्तै 30–32 बरे बल्गना पेआ। इने नाटकें च मतेहारे नाटकें दा अपूं गै मंचन बी कित्ता। इस कताबै च दौं नाटक शामल न। पैहला "गलूर" ते दुआ "पैह्र ध्याड़ा"।

पैहला नाटक असें 1990 च लिखेआ हा ते दुआ 2001 च। दौनी नाटकैं च सांझी गल्ल ऐ जे दमैं नाटक लोक गाथाएं उप्पर आधारित न। लोक वार्ता च साढी मती रूचि ऐ कोई बी भावनात्मक ते वेदना भरोची गाथा मने गी छुई जंदी ऐ मन आखदा इस्सी शब्दें दे नमें रूप च परोई दिता जा ते लोकैं सामनै पेश किता जा। ए दौं नाटक इस्से रुचि दी उपज न।

नाटक निर्देशकें, कलाकारें ते पाठकें गी ए नाटक भेंट करदे होई मती खुशी बझोआदी ऐ। कोई बी इने नाटकें गी खेड्डी सकदा ऐ, पर खेड्डने शा पैहलैं इसदी अनुमति लैना जरूरी ऐ। कन्नै ए बी प्रार्थना ऐ जे अपने सुझाव नाटकैं दै बारे च जरुर देन।

नाटक दे शब्द सुधार लेई अस "श्री प्रकाश प्रेमी" हुन्दे धन्नबादी आं। उंदा प्यार भरोचा हत्थ सदा गै साढ़ा मार्ग दर्शन करदा रौंह्दा। कन्नै पंकज कुमार शर्मा हुन्दे आवरण ते पोथी दी साज–सज्जा लेई अस धन्नबादी आं।

गलूर

गलूर

पात्तर

1.	कुल्लू	
2.	राजा	कुल्लू दा सौहरा
3.	रानी	कुल्लू दी सस्स
4.	बज़ीर	
5.	दासी	कुल्लू दी दासी
6.	राजमाता	कुल्लू दी माता
7.	फरियादी	1, 2, 3
8.	ऐह्लकार	1, 2, 3
9.	पंत	
10.	मनादी आह्ला	
11.	मंगू	
12.	सूंको	
13.	भगतू	
14.	जोगी	
15.	लखारी	

गलूर

सीन–I

(मंच दे इक बक्खी पर लो पौन्दी ऐ जित्थैं सारंगी लेदे इक जोगी अक्खीं मिट्टियै गाई जारदा ऐ। मंच पर दूई बक्खी लो पौन्दे गे सादा भेस च इक आदमी दा प्रवेश। अपनी बेशभूशा थमां ओह् कोई लखारी जन लगदा ऐ। जेह्का बल्लैं–बल्लैं मंच आह्लै पासै बधदा ऐ ते प्ही चुप–चाप ढ़ासना लाइयै जोगी कोला बिन्दक छिण्डै बेहियै गीत सुनना लगदा ऐ।)

जोगी :

धरती माता जै–जै तेरी
तेरी जोत सुआई।
तूं उपकारी तेरी मैहमां
रिखियैं मुनियैं गाई।
तेरी गोदा सूरमे जाये,
नाम ते नेकी कमाई।
जंगल जाडैं, धारें प्हाडैं,
कल–कल नाडुऐं लाई।
डैह्–डैह् करदी चानानियैं बिच
छल छल नदियैं लाई।
तैरियें धियैं तेरिया गोदा
ममता दी गंग बगाई।
कुल्लू जैसी धी ही माता
तेरिया गोदा जाई।
अपने प्राण नछावर कित्ते
आफत जेल्लै आई।
तेरै गै बलिदान्नै कारण
कल–कल कूह्ल बगाई।
भरी जुआन्नी दे बिच रानी

अपना आप चनाई।
सुक्की धरती उप्पर जिसने
ममता–गंग बगाई।
श्रासकै दै मूंह् अप्पूं जाई,
तारी कुल्ल लुकाई।

संगीत दा सुर बल्लैं–बल्लैं मद्धम होन्दा ऐ। ते लखारी दी भेश–भूशा आह्ला आदमी जोगी कोल आई जन्दा ऐ।

लखारी :– नाथ जी आदेश ।

जोगी :– जै सदा शिव। बेही जाओ।

लखारी :– नाथ जी बड़ी करुणा भरी दी बार ही। एह् कुसदी क्हानी ऐं।

जोगी :– म्हाराज केह् आखना। एह् कुसै वीर नारी दी कथा ऐ।

लखारी :– सुनाओ ते सेही। कोई बड़ी दरद भरोत्ती कत्थ लगदी ऐ।

जोगी :– एह् म्हाराज इस्सै डुग्गर दी धी ही। राजकुमारी कुल्लू जिस अपना बलिदान देइयै एह् कूह्ल बगाई ही। एह् कत्थ इस चाल्ली ऐं।

(लोऽ बल्लैं, बल्लैं बंद होदी)

सीन–2

मंच उप्पर लो पौंदी

(मैहल दा दीवानखाना। चिट्टी चादर बिछी दी ऐ। इक चौकी पर गीता पेदी ऐ। पिच्छैं चौकी दे मसनद उप्पर राजा बैठे दा ऐ। इक पास्सै बजीर बैठे दा ऐ)

राजा :– बजीर जी

बजीर :– जी सरकार

राजा :– साढ़ी परजा च कोई दुखी ते नेईं ?

बजीर :– सरकार जित्थैं थुआड़े नेह् धर्मग्गी राजे दा राज होए उत्थैं परजा दुखी कियां होई सकदी ऐ ?

राजा :– राजा आस्तै उसदी परजा धियां–पुत्तर होन्दी ऐ।

बजीर :– सरकार जिन्ना तुस परजा दे बारै साचदें इन्ना गै परजा दे मनैं च थुआढ़ा आदर–मान ऐं।

राजा :– बजीर जी, एह् साढ़ा परजा पर कोई स्हान नेईं। नीति दसदी ऐ जे राजे दा कर्तव्य परजा दा सुख चतेना ऐं। परजा सुखी ऐ तां राजा बी सुखी।

बजीर :– तुन्दी गल्ल सवा सोढां आन्ने सच्च ऐ सरकार पर अज्ज किन्ने क शासकें गी अपना कर्तव्य चेतै ऐ। उन्हें गी अपनी ते अपने ऐश–अराम दी फिकर ऐ।

राजा :– ऐसे शासक गी राजा खुआने दा कोई हक्क नेईं। ऐसा राजा जेह्का पैहलें अपना सुख सोचै उस पर सौ–सौ बेरी फिट लानत ऐ। ध्रिगलानत ऐ ऐसे राजा उपर जेह्का अपना सुख ते सोचै पर परजा दा नेईं।

बजीर :– तुस ठीक आखदे सरकार, पर किन्नेक राजे एह् सोचदे

न।

राजा :– बजीर जी, साढ़े कशा लुकाई उपर किसै चाल्ली दी बे–न्याई निं जरोन्दी। तुस ते जानदे ओ जे असें गी अपनी परजा धी–पुत्तर जन गै लगदी ऐ। कदें कुतै जे अस उन्दै आस्तै किश करने आस्तै अपने आप गी असमर्थ बुज्झने आं तां मनैं दी उस बेद्दन गी, उस हालत च अस गै जानने।

बजीर :– एह् गल्ल सब्भ जानदे न म्हाराज।

राजा :– उस जगतू बोटी दे टब्बर दा हूण केह् हाल ऐ भला? जिस दिन उसदा पुत्तर बचारा मरी गेआ हा तां जगतू ते उसदी लाड़ी दा बरलाप सुनियै मेरा कालजा छाननी होई गेआ हा। जरुर साढ़े कशा गै कोई भुल्ल होए दी ऐ तां परजा पर विपता पेई। जरूर साढ़े पर पनमेसरे दी किश क्रोपी ऐ।

बजीर :– थुआढै नेह् हाकम बडे घट्ट होन्दे सरकार। पर कर्म–फल ते अपने–अपने होन्दे सरकार।

राजा :– ओह् ते ठीक ऐ पर जे राजा अपनी परजा कन्नै बे–न्याई जां बे–ईमानी करै तां समझो ओह् मानत च ख्यानत करदा ऐ, परमात्मा दी तरफा सौ फी सदी जम्मेदारी गी पूरी निं करादा।

बजीर :– सरकार एह् गल्ल किन्नै क लोक सोचदे न ?

राजा :– जे नेईं साचदे तां सोचना चाहिदा, नेईं तां ओह् पापै दे हकदार न।

बजीर :– अजकल अक्सर शासक सोचदे न जे बेल्ला हत्थ आदा

लाई लैओ छान्दे, मारी लैओ मौजां। कल कोई जुरावर राजा आइयै राज खूस्सी गेआ तां गए इस नजारै हत्था।

राजा :— ऐसी सोच डंगर राजै च होई सकदी, मनुक्खै च नेईं ते जे मनुक्खैं च एह् सोच ऐ तां समझी लैओ ओह बिना सिङै चुम्बै दे पशु गै न।

बजीर :— सच ऐ महाराज

(द्वार पाल दा प्रवेश)

द्वारपाल :— महाराज दी जै

राजा :— केह् गल्ल ऐ?

द्वारपाल :— सरकार दो फरयादी फरयाद लेइयै आए दे न।

राजा :— उन्है गी अन्दर भेजी दित्ता जा

(फरयादियें दा प्रवेश)

दौऐं फरयादी :— सरकार दी जै।

राजा :— केह् गल्ल ऐ। दस्सो केह् चाहन्दे ओ ?

फरयादी :— (पैरै च ढौन्दा ऐ) सरकार तुस्सै साढ़े माई–बाप ओ। होर कुसगी अपना दुख सुनाई सकने आं।

राजा :— (ठुआलदे होई) ओह् भाई गल्ल ते सुनाऽ।

फरयादी :— सरकार मेरी घरे आह्ली मान्दी ऐ (रुण्हाकी बाजा च) सारे क्हीम–रजादे हुट्टी–हारी गे न। रीन–चीन बिकी गेई ऐ। निक्के–निक्के बच्चे न। इस औखे च सरकार गै तारी सकदे न।

राजा :— बोल केह् चाह्न्ना ?अस केह् करी सकने आं तेरै लेई।

फरयादी :– सरकार हुण छड़ी राजबैद दी गै आस ऐ। पर मेरै कश देने–लैने गी कक्ख नेईं सञां। खाइयै भ्यागा दी मेद नेईं।

राजा :– निश्चैन्त होई जा। राजवैद तेरै जाग तेरी लाड़ी गी दिक्खन। अस बी परमात्मै अग्गैं प्रार्थना करने जे तेरी घरै आह्ली ठीक होई जा। बजीर जी।

बजीर :– जी सरकार।

राजा :– राजवैद गी हुक्म देओ जे ओह् इसदी घरे'आह्ली गी बचाने दी पूरी कोश्टट करन। सारियां दुआईं अपने कशा देई औन ते हां इस गी शाही खजानै चा एदा खर्च चलानै आस्तै पञाह् मोहरां देई दित्तियां जान।

बजीर :– सत्तबचन महाराज।

फरयादी :– सरकार दी लक्ख–लक्ख ब'रे बरेस होऐ। अस पनमेसरै अग्गैं प्रार्थना करने जे हर जन्म च थुआढ़ी गै परजा बने दे रौह्चै।

(पेरैं हत्थ लान्दा ऐ–बाह्र जाना)

राजा :– (दूए फरयादी गी) हुण तूं दस्स तुकी केह् तसिया ऐ ?

फरयादी :– सरकार तुन्दै पुन्न परताप करी सारी परजा अपनै–अपनै थाहर सुखी ऐ– पर –––

राजा :– पर केह् ?तूं रुकी की गेआ ?

फरयादी :– पर किश गल्लां ते अपने कर्मैं दै धीन बी होन्दियां। सरकार किश मेरै नेह् कर्म हीन बी होन्दे संसार च गोते खान गी जम्मे दे।

राजा :– सुनाऽ तूं आखना केह् चाहन्ना ?तेरी फरेआद केह् ऐ ?

फरयादी :– सरकार अंऊ पार हांचलै दी टेकरियै दै पार कोई सोढां क्रोह् दूर रौहन्ना। साग–ढोड्डा चली जन्दा ऐ। पर हुन मेरी जुआन धी दा ब्याह् ऐ। छढे पन्द्रां–बीह् दिन गै बिच न। मेरै कश पैसा नेईं। किश....।

राजा :– ठीक ऐ अस समझी गे। ओह तेरी धी नेईं साढ़ी धी ऐ। बजीर जी।

बजीर :– जी सरकार।

राजा :– हांचलै शाह रामधनै गी रूक्का लिखी भेजो जे ओह् इसदै घर हर चाल्ली दा जरूरत दा सौदा भेजी देऐ ते इस गी खजानै चा सौ मोहरां देई दित्तियां जान तां जे इसदी धी दा ब्याह गज्जी–बज्जियै होई सकै। जा भई...अपना कम्म कर।

फरयादी :– धन्न ओ म्हाराज। जे किश सुनेआ उऐ नेहा पाया। परमात्मा थुआढ़ी मती–मती आरबला करै। तुस चक्करावर्ती म्हाराजा बनो। सरकार तुस म्हाराज शिवि दे अवतार ओ।

(पेरै हत्थ लाई बाह्रे गी जन्दा ऐ)

राजा :– बजीर जी!

बजीर :– हुक्म सरकार।

राजा :– साढै राज च लोक दुखी की न ? कुतै साढै कशा कोई भुल्ल ते नेईं होआर्दी ?

बजीर :– महाराज, उस आदमी ने इक गल्ल आखी जेह्की मेरै मन लग्गी।

राजा :— केह् भला ?

बजीर :— इय्यै जे किश गल्लां अपने कर्मैं दै धीन होन्दियां न ।

राजा :— बजीर जी, अस जिस बेल्लै बी अपनी परजा च कुसे गी दुखी दिक्खने तां इय्यै चतेन्ने जे साढ़ै शा जरुर किश गल्ती होन्दी ऐ तां साढ़ी परजा दुखी ऐ ।

बजीर :— महाराज कर्मैं दी गल्ल कुण जानदा ऐ ?खबरै परमत्मा साढ़ी परख करा करदा होऐ । महाराज साढ़ै पर ते अजैं बिपतैं दा प्हाड ढौने आह्‌ला ऐ । जीभ गलान्दे थथ्यांदी ऐ सरकार ....

राजा :— (घबराइयै) बोलो बजीर जी रुकी की गे ?

बजीर :— बड़ी बड्डी आपदा औने आह्‌ली ऐ ।

राजा :— थुआढ़े मुहैं पर अस केइयै दिनैं थमां चैन्ता दियां रेखां दिक्खै करने आं । बड़ी बारी पुच्छेआ बी पर तुस गल्ला गी चापी जन्दे ओ । केह्‌डा संकट ऐ? गल्ल ते करो ।

बजीर :— सरकार है ते सब्भ किश जग्ग—ज्हान कन्नै गै ऐ । केइयै दिनैं शा बरखा दी इक फुंग निं ब'री । सारै पास्सै इक हाकारा जन पेदा ऐ । तलाऽ, खूह्, बाईं पनेआस सारे सुक्कार्दे न । माल—बच्छा पक्खरु—पखेरु दूर—दूर तक पानी दे तोपै—तोपै तै तरसा दे न । फसला दा केह् हाल होग एह् अप्पूं गै तुस लाना लाई सकदे ओ ।

राजा :— बजीर जी । अस इस आपदा थमां बे—खबर नेईं । अस जनता ते मूहां दा एह् घोर—मसोरे सुनी चुके दे आं । अस अप्पूं काफी चैन्ता च आं । बजीर जी ।

बजीर :— जी सरकार ।

राजा :– तुस एह् पता करो, जे साढे गदामै च किन्ना नाज ऐ। कन्नै गै होर जित्थों–जित्थों नाज थ्होन्दा ऐ उसगी किट्ठा करने दा जत्न कित्ता जा तां जे परजा गी फाके निं लग्गन। कोई बी हट्टी आह्ला जां बड्डा जिमींदार बत्तर–चपंज लाइयै समैं दा लाह् नीं कड्ढै इस गल्ल दी खास ताड़ रक्खी जा। जे कोई इस हाल्लैं इस चाल्ली दा नर्थ करग तां अस ओदियां भोऐं खल्ला भराई देग्गे। कोई बी बे–बजह बाफर नाज जोड़ियै निं रक्खे। उआं असैं अपनैं राहैं नाज किट्ठा करनै आस्तै ते हालत उप्पर तक्क रक्खनै आस्तै किश एह्लकार ते जसूस कम्मै पर लादे न। बाकी दे कम्मै उप्पर तुस रामदयाल कुठेआले ते शेर सिंह दवान गी लाई देओ।

बजीर :– सत्तबचन महाराज। लुकाई कन्नै थुआढ़े इस हिर्ख ते ममता गी दिक्खियै मिक्की बीह् विस्वे जकीन ऐं जे साढ़ी परजा गी किश नीं होई सकदा। ओह् इस संकट थमां उब्बरियै सामनै औग।

राजा :– परमात्मा करै ऐसा गै होऐ।

(त्रौं एह्लकारै दा प्रवेश)

दौऐ :– महाराज दी जय।

राजा :– अच्छा तां तुस आई गे ?दस्सो केह् समाचार ऐ ?

दौऐ :– (मुण्डी थल्लै करी दिन्दे न)

राजा :– दस्सो केह् गल्ल ऐ ?तुस चुप्प की ओ ?

इक :– सरकार केह् दसचै। जतांऽ बी राज च दिक्खो बस्स नीला सर्व अम्बर, तपदा सूरज ते तरेहाई दी जिमीं गै

लभदी ऐ।

दो :– इस चमकदी–चिल्कदी धुप्पा च आस दी कोई किरण निं लभदी।

त्रै :– जमीना च कुतै बत्तरा दा नां–निसान नेईं। हर पास्सै बंजर धरत बां–बां करा करदी ऐ

इक :– केइयैं सकोड़्डी जमीन राही, बी–सुट्टेआ बी, तां ओह् बी–भूईं–भुज्जी गेआ। सारी मैहनत बेकार गेई।

दो :– सरकार जे कुतै चोढें प्याजी बत्तरै च ङूर निकलेआ तां निकलदे गै भल्डोई गेआ।

त्रै :– जे कुदै कोई बूहटा भल्डोनै शा बचेआ तां फल पौने शा पुज्ज गै सुकी गेआ।

इक :– सरकार ङूर निकलेआ तां उऐ भल्डोइया, ङूर कोई उस्सरेआ तां बूहटा बनदे– बनदे सुकी गेआ, बूह्टा बचेआ तां सिले–मिंजरां पौने छा पैहलें सुकी गेआ, जे मिंजर–सिला कुतै काद–पानियै रेहा तां छड़ा पत्तल ते कलेऊ बनी गेआ ते अज्ज बंजर–रक्कड धरत छड़ियां सूंका सुट्टी अपने अत्थरुं पिया करदी ऐ।

दो :– धरत बचारी नढाल बे–बस खडोत्ती दी अपने टब्बरै दे तान्ने–मीह्ने सुना करदी ऐ। पर माऊ दी छात्ती सीर गै नेईं। बचारी–बेबस–धरती माता।

त्रै :– बचारी धरती माता सब्भ किश सुनने पर मजबूर ऐ। उसदी अपनी छात्ती च किन्ने जख्म न, एह् कोई निं जानदा।

इक :– खेत्तरैं खुम्बै चुबक्खी जुआड़–डंडकारण पेदी ऐ। सैलतन

दै थाह्र चुबक्खी पीलतन ऐं।

दो	:–	सरकार होर ते होर किश लाका ऐसा बी है जित्थैं पैंछी पत्तरैं आह्ला कोई रुक्ख तुप्पा करदे न आल्हड़ै आस्तै।
त्रै	:–	हर पास्सै तत्ती लू चलदी ऐ जिस कन्नै हर चीज भल्डोई–सल्डोही गेदी ऐ।
इक	:–	एह् सोची लोकै दे मूंह् हिस्सी गेदे न जे कल्ल पता निं केह् होऐ।
दो	:–	इस करी बड़े सारे लोकैं अपने कल्लै दा किश हेस्सा अपनी बुक्कली पलेटी लैते दा ऐ।
त्रै	:–	केई लोक इक्कै बेल्ला रुट्टी खाना शुरु करी बैठे दे न, अपने निक्के ञयानें गी गै दौं बेल्ले रुट्टी दिन्दे न।
इक	:–	किश इक–अद्धा फाका बी कट्टी लैन्दे न।
दो	:–	जियां औने आह्ली बिपता रुपी नाटक दा भ्यास करार्दे होन।
राजा	:–	अच्छा एह् दस्सो नाजे दे भण्डारे दा केह् बनेआ ?
इक	:–	सरकार कोई पंज सौ गुणी जौ, त्रै सौ गुणी धान ते ज़्हार गूण कुक्कडियैं दा परबन्ध होई सकेआ ऐ।
दो	:–	पर जे सोका लम्मा होआ ते काल दी उद्ध बधी तां एह ऊंटै दै मुंह् जीरा देनै दै बरोबर गै होग।
राजा	:–	अस पूरा जत्न करगे साढ़ी परजा दा औने आह्ला कल्ल इन्ना डरौना निं होऐ। बजीर जी।
बजीर	:–	जी सरकार।

राजा :— नाजे दे सारे गदामें दा स्हाब–कताब रक्खेओ। कुठेआला होरें गी आखो जे बद्ध शा बद्द नाज किट्ठी कित्ता जा।

बजीर :— सत्त–बचन महाराज।

राजा :— हुन अज्जै कशा अग्गै अस बी भत्त इक डंग गै खागे।

बजीर :— सरकार।

राजा :— जियां साढ़ी परजा रौह्ग उआं गै अस बी रौह्गे। जे परजा इक डंग रुट्टी खंदी ऐ तां राजे गी दंऊ डंग खाने दा कोई हक नेईं।

बजीर :— सरकार जद तक एह् स्थिति नेईं सुधरदी अंऊ बी इक डंग गै भोजन करगा।

एहल :— अस सब्ब बी थुआड़ै कन्नै चलगे।

राजा :— तुसैं लोकें गी अपने आपगी दुख देने दी लोड़ नेईं। एह् मेरा धर्म ऐं।

बजीर :— ते साढ़ा कोई धर्म नेईं ?

इक :— अस ते थुआढ़े गै सेवक आं।

दो :— थुआडे गै दित्ता दा लून खन्ने आं।

त्रै :— अस नमक रहाम निं करी सकदे।

बजीर :— साढ़ा जीवन थुआढ़ै नमित्त अर्पित ऐ। तुस साढ़े मालक ओ।

राजा :— मालक ते ओह् नीली छतरी आह्ला ऐ। ब जे तुस इय्यै सोचदे ओ तां असैं गी खुशी ऐ जे साढ़े ऐहलकार बी साढ़ी परजा कन्नै इन्ना हिर्ख करदे न। अच्छा हुन तुस

जाओ। अपना कम्म ठीक चाल्ली नभाओ।

(एह्लकारैं दा जाना)

राजा :— बजीर जी।

बजीर :— महाराज।

राजा :— मिकी समझ निं औआदा जे केह् कित्ता जा ?

बजीर :— जिस प्रभु ने परख लैन लादी ऐ तां जरूर कोई सबील बी कड्डग।

(लोऽ बल्लैं—बल्लैं बंद होई जंदी)

सीन–3

(मंच उप्पर लोऽ पौंदी ते लखारी ते जोगी उदास बैठे दे)

लखारी :– नाथ जी एह् ते बड़ा कोई धर्मग्गी राजा हा, अजकल दे नमें राजें आह्‌ला लेखा परजा प्रति बे–परबाह नथा। ऐसे धर्मी राजै पर बी संकट औन्दे न।

जोगी :– बाबूजी ओह् उपरला परखदा ऐ। बाबू जी अग्गैं ते दिक्खो केह् होआ करदा ऐ।

(लोऽ बंद होंदी)

सीन–4

(मंच पर लोऽ पौंदी)

(दीवाने खास–राजा मसनद उप्पर बैठा दा ऐ चैंता दी मुद्रा च। लोऽ उस पर पौआ करदी ऐ। बजीर दा प्रवेश)

बजीर :– महाराज दी जै।

राजा :– आओ बजीर जी बेही जाओ।

बजीर :– (इक पासै बेही जन्दा ऐ) जी।

राजा :– बजीर जी कोई सबील सुज्झी।

बजीर :– सरकार! अजें ते गोदामैं च नाज गै किट्ठा करा करने आं। आखर कोई रस्ता निकली गै औग।

राजा :– अज्जै कशा गै दिक्खना शुरु करी देओ जे कुसदै घर अनाज नेईं। हर आदमी गी ओह्दी लोड़ै मुजब पंद्रां दिन दा नाज देई दित्ता जा।

बजीर :– जो हुक्म सरकार। अबा ....

राजा :– अबा केह् ?बोलो।

बजीर :– सरकार सीन्दी जां ....

राजा :– हां मुख्त गै देओ लोकैं कोल पैसा कुत्थै ऐं। नेईं .... मुख्त खोरी कन्नै लोकैं दी आदत बिगड़ग।

बजीर :– गल्ल ते ठीक ऐ सरकार। इक बारी लौकें गी मुख्त खाने दी आदत पेई तां लौकें गी रहाम–भुने दी आदत पौनी।

राजा :– कोई कम्म लाचै।

बजीर :– सरकार इक अर्ज करां।

राजा :– दस्सो।

बजीर :– सरकार, सदा नीरा नदियै च इस सोके दे बाबजूद बी अजें पानी ऐं। जे उस चा कूह्ल कड्डी जा तां अजें बी पट्टै जिन्ना पानी थ्होई सकदा ऐ। एह् गल्ल कल्ल गै उसलै मेरै दमाकै च आई जिसलै मैं पारलै लाकै दे हालात दिक्खने गी गेदा हा।

राजा :– (खुश होइयै) वाह। क्या अच्छी सोच ऐ। ठीक ऐ, एह् कम्म तौला पुनाई दित्ता जाना चाहिदा। इसदा दोहरा लाह् होग। इक ते सदा–सदा लेई कूहल त्यार होई जाग ते दूआ जनता दी भुक्खमरी बी मिटग।

बजीर :– सरकार थुआडै पुन्न–परतापै करी गै एह् सबील समझा आई ऐ।

राजा :– तुस सारै लाकै च ढ़डोंरा फराई देओ जे लोक सोके कन्नै लड़नै आस्तै त्यार होई जान। एह् ऐलान कराई देओ जे हर जरूरतमंद आदमी कम्मै पर आई सकदा ऐ ते उस्सी उसदी जरूरत मताबक अनाज मिलग।

बजीर :– सरकार थुआड़ा आखने दा मतलब जे जिस घर कम्म करने आले छड़े दौं जी न ते खाने आह्ले छे तां उन्हें गी छें आस्तै नाज मिलग।

राजा :– बिल्कुल। आखर ओह् चार बी ते साढ़ी गै परजा न जेके बच्चे न, जां बुड्डे न जां मान्दे न ते कम्म करनै दी समर्थ नेईं। इस च उन्दा ते कोई दोस नेईं। उन्दी पालमा करना ते सारे समाज दा धर्म ऐ।

ब्जीर	:–	ठीक ऐ सरकार। मैं चलना ढंडोरा करने लेई मुनयादी करने आह्ले गी भेजना तां जे घर–घर खबर पुज्जी सकै।
राजा	:–	ठीक ऐ, कूह्ला दा कम्म बी दंऊ–त्रंऊ दिनें च रम्भ होना चाहिदा तां जे साढ़े खेत्तरें च सैलतन फिरी सकै। साढ़ियां अक्खीं खेत्तरें दी सैलतन दिक्खने गी तरसा करदियां न।
बजीर	:–	सत्तवचन। हुक्म दी तमील होग।
		(बजीर दा जाना)
राजा	:–	हे प्रभु अपने बच्चें पर रैह्म कर ते साढ़ै कम्मै गी सिरे चाढ़।
		(लाईट बल्लें–बल्लें फेड आउट होन्दी ऐ)

सीन–5

(लोऽ बल्लैं–बल्लैं मंच्च दे मझाटै पौन्दी ऐ।

मैहल्लै दा कमरा राजा ते रानी दौऐं बैठे दे न)

राजा :– चलो किश चैंता ते घटी। जिसलै कूह्ल तैयार होई जाग किश लाका ते हरेआ–भरेआ होग गै। अद्दा–दुब्बा घाटा ते पूरा होग गै।

रानी :– ओह् ते ठीक ऐ पर। कूह्ल बनने गी किन्ने दिन लगंङन?

राजा :– एह् ते लोकैं पर दारोमदार ऐ। जिन्ने बद्ध लोक औंगन उन्ना गै कम्म तौला होग।

रानी :– एह् लोकैं दा अपना कम्म ऐं। ओह् तौल की नेईं करंगन भला ?

राजा :– ओह् ते है पर कम्म ते करड़ा ऐ ते करियै गै होना ऐं। अज्ज निक्का राजकुमार कुथैं ऐं ?

रानी :– उसदा मामा आए दा ऐ। बस उसनै अपनी गोदा दा तुआरेआ गै नेईं।

राजा :– अच्छा, बो परौहने दी खातर ठीक होआ दी ऐ नेईं ?

रानी :– महाराज परचिन्त रौह्न।

राजा :– कोई सनेहा–पत्तर ते नेईं साढी नूहें दे प्यौके दा। उत्थैं सब्भ खैर नां?

रानी :– सब्भ खैर सुक्ख ऐ। निक्के राजकुमार दे नाना–नानी राजकुंवर दे दर्शन करने गी काह्ले पेदे न। ओह् आखदे न जे उन्हें छे म्हीने बड़ी मुश्कलें कट्टे न।

राजा :– हां हां। राजकुमारी कुल्लू गी उसदे प्यौके जरुर भेजो। आखर ओह उसदे माता–पिता न। उन्दे कलेजे दा बी टुकड़ा ऐ। कुदरती गल्ल, उन्दा हिर्ख साढ़े कोला बद्द गै।

रानी :– ओह् कल्ल गै जानै लेई आखा करदे न।

राजा :– कल्ल गै! (किश सोचियै) ठीक ऐ। उस्सी बिन्द सदाओ ते सेही।

(रानी ताड़ी बजान्दी ऐ। इक गोल्ली अन्दर औन्दी ऐ।)

रानी :– जा कुल्लू गी आख महाराज चेतै करा करदे न।

राजा :– महाराज नेईं, उसदे पिता। ओह् साढी धी गै। जियां राजकुंवर पुत्तर न, इयां गै ओह् साढी धी ऐ।

रानी :– एदे च केह् सैंसा ऐ। ओह् बी ते असैं गी माता–पिता गै समझदी ऐ।

राजा :– सच्च गै। सस्स–सौह्‌रा मा–प्यो गै होन्दे न ते नूह्‌रीं–जमात्रे धियां–पुत्तर।

(कुल्लू दा प्रबेश) दौन्नें दे पैर छून्दी ऐ।)

रानी :– कुल्लू पुत्तर मैं तेरी मर्जी तेरे पिता जी गी दस्सी दित्ती ऐ ते महाराज थमां तेरै जाने दी–जाजत बी लेई लेई ऐ।

राजा :– साढ़े बच्चे दा आखा मोड़ेया थोड़ा जाई सकदा ऐ। पुत्तर तेरा बीर आए दा ऐ। अस चाहन्दे हे जे ओह् दो दिन रौहंन्दा, पर तुस जाना चाहन्दे ओ तां जरुर जाओ। (रानी जी) कुवंर गी आखो जे इन्दा जाने दा सरिस्ता करन।

रानी :– हून खुश ऐं ना?

राजा :– जाओ ते सेई पर एह् बी चेतै रक्खओ जे साढ़े मैहलैं दी सारी रुणक तुस कन्नै लेई चले दे ओ। साढ़े सारे हास्से खुशियां, निक्के कुंवर दियें कोयलें आलियै कल्कारियैं च गै साढ़ा मन लगदा ऐ............ अस ओह्दे बिना हून मता चिर नेईं रेही सकदे।

रानी :– सच्च ऐ। तेरै बाझ असें गी सुन्न–मसान लग्गनी ऐ। तूं साढ़े राज दी लच्छमी ऐं। इत्थें तेरै नै गै चानन ऐं। तेरै ते निक्के कुंवर दे बिना साढ़ा मनचित निं लग्गना।

राजा :– रानी सच गै आखा करदियां न। तुस तौले गै परतोने दा जत्न करेओ।

रानी :– युवराज कोला बी आग्या लेई लैआं।

राजा :– जद अस आखा करने तां उसदी अजाजत दी केह् लोड़ ऐ। ओह् कोई साढ़े हुक्म थमां नाब्बर थोड़ा ऐ। उआं उस कशा पुच्छी लेआं।

(कुल्लू दौनें दे पैर बन्ददी ऐ। राजा रानी दौंऐं बुढ़–सुहागन होने दी सीस दिन्दे न)

राजा :– भला किन्ने दिन उत्थें रोहना ऐ इ'नै?

रानी :– इन्नै चिरें प्योकै जा करदी। म्हीना खंड तै लग्गी गै जाना ऐं।

राजा :– इन्ने दिन कट्टने मुशकल होई जाने न। बच्चैं कोला बिछड़ने दा किन्ना दुक्ख होन्दा ऐ।

(लो बल्लैं–बल्लैं फेड आउट)

सीन–6

(मंच उप्पर लोऽ पौन्दी ऐ। राजा बजीर, ऐहलकार ते लोक सन्दर लेइयै खड़ोत्ते दे न।

राजा सरीनी बंडदा, मत्था टेकदा ऐ।
लोकैं दा शोर ऐ गल्लां करने दा ते जयकारे दी आवाज़)

सारे लोक :– महाराज बी जै (दो त्रै बारी)

राजा :– (रोकदे होई) नेईं भाई नेईं, जै उस प्रभु दी । उस्सै दा नां लेइयै असैं कम्म पुनान लाया तां जे सुक्खैं–समोधैं कम्म पूरा होई सकै।

बजीर :– साढ़े भाएं तुस्सै भगवान ओ। तुस्सै साढ़े मालक ओ।

राजा :– भगवान राम दा नां लेइयै सागरैं पत्थर तरी गे हे, एड्डा पुल पेई गेआ हा। उन्दा गै नां लेइयै अस एह् कम्म शुरु करन लगे आं। (धरती गी बन्दियै) हे धरती मां। अपनी छाती उपरा पानी गी रस्ता देआं तां जे तेरा रूप परती सैल्ला–ते हरेआ–भरेआ होई जा। (पन्त होर बेद–मंतर पढदे न)। (राजा गैंती दा पैहल्ला फट्ट करान्दा ऐ। भी सारे धरती मां बंदियै जैकारा लान्दे न ते गीत शुरू होई जन्दा ऐ।)

इक :– धरती माता

सारे :– हां बे हां।

इक :– तूं अन्न दाता

सारे :– हां बे हां।

गलूर

इक	:–	रच्छेआ करेआं
सारे	:–	हां बे हां।
इक	:–	झोल्लियां भरेआं
सारे	:–	हां बे हां।
इक	:–	तौल करो भाई तौल। छोहला हत्थ रक्खो
इक	:–	जोर करारा।
सारे	:–	होई सा।
इक	:–	कम्म बी भारा।
सारे	:–	होई सा।

(बल्लैं–बल्लै लोऽ घटदी घटदी मुक्की जंदी)

सीन–7

(मंच पर लो पौंदी ते किश लोक दौं त्रैं जुट्टें च बंडोए दे तांई तुआई खड़ोत्ते–सब्बनी दे मुंह हिस्से दे परेशान)

भगतू :– (तमाकुए दी टोपी फंडदे होई)– भाई मंगू–कौड़ी चिल्म छिक्कियै गमें गी दूर नसान्ने आं–

मंगू :– लम्मी कटोरी गै पीनी पौनी–झारी ते नरगेलें पानी कुथों दा पाना–भगतुआ।

भगतू :– मिगी ते सेई होन्दा जे साफी गिल्ली करने लेई बी पानी नेईं थ्होना।

मंगू :– बा–महाराज–साढ़े लेई जरूर किश करंगन।

भगतू :– कुजरत दी करोपी थमां कोई नी बचाई सकदा ?

मंगू :– साढ़े भाग गै माड़े होंगन तां महाराज के करी सकदे?

(दुए पास्से दा इक भाई आई मंगू गी गलांदा)

सूको :– भाईया मंगू के सलाह करारदे ?

मंगू :– के सलाह करनी सूंको–बस पानी गै पानी तुप्पा दे सारे–

सूको :– डंगर–बच्छे बी हफी दे– जीवां बाहरे गी निकली दियां न।

भगतू :– दूरैं दूरैं थमां छप्पड़ियां तुप्पी पानी आनना पवारदा।

मंगू :– ते होर के पानी आनी ऐ कोई बच्चें गी पलैऽ जां डंगरें गी

भगतू :– धरत त्रिडी गेदी–बड्डे बड्डे स्याढ़ गेदे। सेई होन्दा ए सारी दुनिया गी निंगली जाङन।

सूको :— पक्खरू बी तरेहादे ताईं तुआईं उडारदे

मंगू :— पता निं के होना ?

भगतू :— हून परले पक्की ऐ।

सूको :— बै तूं ते भलेआं गै ढेरी ढाई बैठा दा।

मंगू :— अब्बल ते तरेहादे मरी–जाना–जेह्ड़ा बचेआ उन्न फाकै मरी जाना, धरती चा नाज कियां पैदा होग। घा नेईं होग तां– गमां दुद्ध कियां देंगन ?

भगतू :— सच्च गै गलांदे विपता औंदी तां चबक्खे घेरी लैन्दी–साह् बी नेईं लैंन दिन्दी

सूको :— विपता बी कोई निक्की थोड़ी ऐ।

मंगू :— पानी गै मुक्की गेदा बाईं–खूह् सब सुकी गेदे, पानी बिजन जीवन नेईं ऐ।

भगतू :— चारा किता केह् जा? कुन करी सकदा? ते कियां करी सकदा?

(मनादी आह्ले दा प्रवेश) (गले चा नगाड़ा उस दी वाज सुनी सब उसदे घेर–मेर होई जन्दे।)

मनादी आला :— सुनो सुनो सुनो (बजांदे होई) सुनो सुनो सुनो !

भगतू :— सुनाओ जी के सनारदे ओ–(लोकें दा रौला)

मनादी आला :— (नगाडा बजांदा ऐ) सुनो सुनो सुनो !

मंगू :— सनागा तां गै सुनगे।

सूंको :— किश पानिऐ दी गल्ल सनायां।

भगतू :— बरखे दी गल्ल लायां

इक आदमी	:–	निक्के गिलू तरेहाए दे।
मंगू	:–	चुप करो सुनो केह् आखदा ऐ (रौला)
मनादी आला	:–	(बजांदा ऐ) सुनो–सुनो–सुनो–महाराज उन्दा सनेहा सुनो–(बजांदा ऐ) सोके कशा डरने दी कोई लोड़ नीं–हिम्मत करनी–ते हीला करना।
इक आदमी	:–	(गुस्सै च) बा करना केह् ऐ दस्सना बी जा नेईं?
मनादी आला	:–	महाराज होरैं सनेहा लादा ऐ जे सदानीर नदी च अजैं बी मता पानी ऐ अस उस देवी नदी थमां पानी लेई सकने आं।
सूको	:–	एड्डे दूरा दा पानी आनी ऐ अपूं पीगे–जां–डंगरैं गी पलैगे जां खुम्बे गी देगे।
मनादी आह्ला	:–	(बजांदा ऐ) सुनो–सुनो–सुनो सनेह्। अजैं पूरा नेई होआ।
भगतू	:–	तां रूकी रूकी ऐ की सनाना ?
मनादी आला	:–	महाराज नै आखादा ऐ जे सब जनें रली उस नदी थमां अपने ग्रां तोड़ी इक कूह्ल आनन।
सब्भै जनें	:–	ठीक ऐ ठीक ऐ बहुत अच्छा... महाराज दी जै....
भगतू	:–	बा ए कूह्ल कंदू पूरी होग–कंदू खुम्बे दाने देंगन।
सूको	:–	तां तोड़ी अद्धी लोकाई मरी जाग
मनादी आला	:–	सुनो–सुनो–सुनो महाराज दी फरमाना ऐ जे मते कोला मते लोक हल्ला शेरी च शामल होन ते तौले कोला तौले कम्म करी समाह्न। महाराज नै कम्म शुरु कराई दिता दा।

मनादी आला :— (नगाडा बजांदा ऐ) सुनो सुनो सुनो—सरकार दा ए बी फरमान ऐ जे हर कम्म करने आह्ले दे परिवार लेई राशन शाही गोदाम थमां दित्ता जाग..... जिन्दे कोई कम्म करने आह्ला नेईं उस परिवार गी मुफ्त राशन दित्ता जाग......(नागडा बजांदा ऐ) सुनो सुनो सुनो (अग्गै बधी जन्दा)।

मंगू :— महाराज सच्चैं गै परमात्मा रूप न।

सूको :— सब्बनी दा ध्यान ऐ उन्हें गी।

मंगू :— अप्पू फाकै रेही सकदे पर परजा गी दुखी नी दिक्खी सकदे...।

इक आदमी :— ऐसा राजा सब्बने गी थोहै।

भगतू :— (सारें गी) सब जनें मेरी गल्ल सुनो—अपने हल्लै—म्हल्लै—जाई सारें गी महाराज दा सनेहा देओ ते मती गिनतरी च किट्ठे होई—तौले कूह्ल बनाओ (5—सत्त जने) ठीक ऐ....ठीक ऐ.... ठीक ऐ...।

इक आदमी :— महाराज दी....
(सारे) जै....

(दौं त्रै बारी नारे लांदे)
ते
(लो मन्द होन्दे—होन्दे मुक्की जन्दी)—
(पिच्छों दा बाखा गूंजदी)

ऐसा धर्मी राजा कोई कदैं कदैं गै होन्दा।
नेहा आदर—जस, कुसै कुसै गी थोह्न्दा।
जेडा परजा बारै सोचै उऐ सच्चा राजा।

गलूर

परजा दा जो खून गै चूसै ओ ऐ कैसा राजा।
जो लोकें दी पीड़ गी समझै उन्दा दर्द बण्डा।
जै–जै कार चुबक्खी होन्दी राज दा धर्म नभाऽ।

सीन–8

(लाईट मंच उप्पर गौन्दी ऐ।)

(सन्दरैं दियां बाजां औन्दियां न लोक कम्म करादे, इक पास्सै दा बजीर मंच उप्पर औन्दा ऐ)

बजीर :– शाबाशै ब्हादरो। कम्म होआ समझो त्रौं म्हीनैं दा कम्म पन्द्रें दिनैं च गै करी टकाया ऐ। शाबा शेरो।

इक :– (दो गी) भाइया तूं बसोई लै बिन्दक।

दो :– नेईं भाई एह् बसोने दा बेल्ला थोड़ा ऐ।

इक :– पर तूं किश मना हुट्टे दा ऐं जरा।

दो :– जिन्द भाएं हुट्टी दी ऐ पर मनैं च ते मासा बी हुट्टन नेईं।

त्रै :– मन हुट्टै बी तां की जित्थैं महाराज ते बजीर होर बी साढै कन्नै कम्मै पर न।

(राजे दा प्रवेश जयकारैं दी गूंज)
(गीत दी मद्धम धनु गूंजा करदी ऐ)

(गीत) :–

उद्धम–हील्लैं सारे कारज
किट्ठे मिलियैं सरदे ओ।
जिस देसै दे राजे त्यागी
लोक बी सारे तरदे ओ
टलै सिरै रा सब्भ मसीबत,
दुक्ख बी नसदे डरदे ओ
लक्क बन्नियै लोक न जित्थैं
कम्म मिली करी करदे ओ

(गीत मद्धम पौन्दा ऐ बल्लैं–बल्लैं। महाराज दी जय दा जैकारा जोरे दा उब्बरदा ऐ।)

राजा :– जय मेरी नेईं उस प्रभु दी करो ते कन्नै गै तुसैं सारें लोकैं दी जिन्दे उद्धम ते हील्लै कन्नै कूहला दा एह् कम्म सबूरा होआ ऐ।

इक :– सरकार अप्पूं ते बजीर साहब बी ते इत्थें साढै कोल गै ते धुप्पां जरदे रेह् न। इस औखे कम्म च असें गी हर बेल्लै प्रेरणा दिन्दे रेह्।

राजा :– ओह ते साढा धर्म हा। साढ़ी जनता कड़कदी धुप्पा च कम्म करै ते अस मैहलें अन्दर मौजां मारचै, एह् साढ़ै कोला कियां होई सकदा?

दो :– इय्यै ते सरकार दा बड्डापन ऐं।

त्रै :– सरकार सारैं लोकैं दी इक इच्छा ऐ...

राजा :– दस्सो–तुस केह् चाहन्दे ओ ?

चौथा :– इ' यै जे कूह्ल बनी जाने पर चगाने च इक जलसे दा सरिस्ता कित्ता जा

राजा :– ठीक ऐ। ऐसा गै होग।

(लोक हल्ला शेरी आह्ले गीत गारदे ते लोह् बल्लैं मुक्की जंदी)

सीन–9

(लोऽ जोगी ते लखारी उप्पर पौंदी)

लखारी :– नाथ जी कूह्ल ते बनी गेई ऐ।

जोगी :– महाराज मूरत ते बनी जन्दी पर बिना चेतना दै बोली नेईं सकदी।

लखारी :– मैं थुआड़ी गल्ल निं समझी।

जोगी :– बाबू जी बगैर पानियै कूह्ल कूह्ल थोड़ी होन्दी ओह् ते छड़ा खाला ऐ।

लखारी :– मतलब ?

जोगी :– मतलब, एह् जे कूह्ला च पानी औग तां लोकैं तग्गर पुज्जग।

लखारी :– कूह्ल बनी गेई ऐ पानी बी आई जाना नाथ जी।

जोगी :– हर कम्म सौखे नेईं होन्दा–अड़चनां पौंदियां न।

लखारी :– तां भला पानी नेईं औग केह्?

जोगी :– पानी ते औग बा....।

लखारी :– बा के?

जोगी :– सारी गल्ल मेरे कोला गै सुनी लैगे केह्? ओ दिक्खो सामनै केह् परेशानी ऐ।

(किश चिर कम्मे दियां आबाज़ा औदिया,
जोगी ते लखारी परां लो बल्लैं–बल्लैं मंच पर पौन्दी ऐ। राजा, बजीर, ऐह्लकार ते मते सारे होर लोक नमोशी दी हालत च बैठे दे न। गीत बल्लैं–बल्लैं पिच्छुआं उब्बरदा ऐ।

गीत :— लक्ख रपेइया राजे ने खर्चेआ,
राजे ने खर्चेआ, चढेआ निं चंदरा नीर।

जली—बली जायां मेरिये कुल्लू दी कूह्ले,
कुल्लू दी कूह्ले चढ़दे निं ठंडडे नीर।

सद्धो बै पन्तेगी, पोथी पुछाओ,
पोथी पुछाओ की नेईं बे चढ़दे नीर ?

(भाख बंद)

राजा :— बजीर जी, साढ़ी कक्ख समझा निं औन्दा। आखर पानी चढ़दा की नेईं। लोकैं अपनी तरफा पूरी टिल्ल लाई दित्ती ऐ।

बजीर :— केह् दसचै सरकार। सब्ब परेशान ते रहान न।

राजा :— जरूर साढ़ै कशा कोई भुल्ल होई गेई ऐ।

बजीर :— सरकारी पानी पिछड़ा गै पिछड़ा परतोन्दा ऐ। लोकैं च नमोशी ते नांमेदी छाई गेदी ऐ।

राजा :— एह् ते होनी गै। बचारैं दी सारी कित्ती करतादी खूह खातरी गेई ऐ।

बजीर :— सरकार तुस गै नरास होई जागे तां होरने दा केह् होग ?

राजा :— पर असें गी दस्सो ते सेई अस केह् करचै ?

बजीर :— सरकार लोकैं गी किश हौंसला देओ ।

राजा :— मेरें प्यारे परजा जनो। ना—मेद निं होई जाओ, असैं सारैं मिलियै कोई सबील कड्ढी गै—लैनी ऐं।

बजीर :— सरकार मेरी राऽ ऐ इक, जे पन्ते गी सदाइयै पुच्छेआ जा.......।

राजा :— ठीक ऐ राज पन्त गी सदाओ। ओह् जरूर किश पुआ दसंगन।

(लाईट मुद्धम पौन्दी ऐ।)
(गीत परती उब्बरदा ऐ।)

सद्धो जे पन्ते गी बेद पुछाओ,
पोथी पुछाओ, कोई नजूम लुआओ।

पढ़दै पनतै बेद बाचेआ,
पत्तरी दिक्खी ऐ गल्ल निं कीती ऐ कोई।

बजीर :— जो हुक्म (कोल खडोते दे इक आदमी गी आखदा ऐ) जा ते राज पंडत गी इत्थै लेई आओ—उ'ने गी आक्खेओ जे महराजा नै उ'नें गी सदाई भेजेआ ऐ—बाकी सब्ब कम्म छोड़ी—छाड़ी आई जाओ की जे एह् अत्त जरूरी ऐ।

आदमी :— (हत्थ जोड़ी ऐ) जो हुक्म सरकार।

राजा :— दौड़ियै जा ते उनें गी कन्नै करियै लेई आ।

बजीर :— तौले आयां।

आपसी :— हजूर औं कुतै साह् बी नेईं फंडदा।

बजीर :— ठीक ऐ ठीक ऐ .... ।

राजा :— सम्भलियै ऐ जायां—कुतै ढौयां नीं—(हिरखै'नै)

आपसी :— हजूर—औं गेआ ते आया।

राजा :— मुश्कलां बधदियां गै जारदियां। सिद्दा सुट्टो पुट्ठा पौन्दा। बजीर जी मेरी ते सोचने—समझने दी ताकत गै मुक्की दी। सोके करी दमाग बी सुक्की गेआ लबदा। हे प्रभु। सक्त दे।

बजीर	:–	थुआढ़ा पुन्न प्रताप गै सब्बनी कोला बड्डी शक्ति ऐ। सब ठीक होई जाना (लोक हत्थ जोडियै खड़ोते दे सारैं दे, मुहें'र उदासी ऐ कोई धरती मत्थे टेकदा ते कोई सामनै आस्सै हत्थ करी रैह्म दी भिक्ख मंगदा...)
राजा	:–	बजीर जी पन्त होर चिर लाई गे लबदे।
बजीर	:–	बस औंदे गै होने।
राजा	:–	हुन कूह्लै च पानी दिक्खने गी मन तरसा दा। कुसलै ख्वाहश पूरी होग?
बजीर	:–	ओ सामने दिक्खो हां भला कुन आवारदा ?
		(पंडत दा प्रवेश)
राजा	:–	पन्त जी महाराज, पोथियां पढ़ो हां, पानी की नी चढ़ादा?
पनत	:–	महाराज (पोथियां फरोलदा ऐ ते घाबरी जंदा)
बजीर	:–	पन्त जी, दस्सो ते सेई, तुस घाबरे दे की– ओह्?
पनत	:–	पोथियां किश अग्गैं–पिच्छैं दसदियां न।
राजा	:–	दस्सो ते सेही।
पन्त	:–	सरकार इस कूहला दा बचार छोड़ी देन।
राजा	:–	ओह् की ?
पन्त	:–	एह् कूहल निं बनी सकदी म्हाराज।
राजा	:–	पर कारण ते दस्सो।
पन्त	:–	दस्सी निं सकदा सरकार। अऊं नेईं दस्सी सकदा।
राजा	:–	पन्त जी कूह्ल बनी गेदी। ब'न्न बनी गेदा। लोकें दी इन्नी

मैहनत बिरथा जाग। कोई पुआ ते दस्सो।

पन्त :– महाराज अऊं सभ किश मन्नाना पर पानी–नेईं चढ़ी सकदा।

राजा :– (रोहैं होइयै) की निं चढ़ी सकदा?आखर बजह ते दस्सो।

पन्त :– महाराज गल्ल ऐ बडी बड्डी ते मुंह् ऐं निक्का। खोन्दी गै नेईं।

(रोआंखा होइयै)

राजा :– एह् साढ़ी आग्या ऐ। तुसें गी गल्ल सुनानी गै पौग।

पन्त :– (रुन्हाका होएदा आबेश च) कियां आक्खां ?इत्थैं बलि लगदी ऐ।

राजा :– बस्स इन्नी क् गल्ल ऐ। इत्थैं अस अपनी बलि देई देचै फ्ही ते चढ़ग नां पानी ?

सारे :– एह् निं होई, सकदा, निं होई सकदा।

पंत :– थुआढ़ी गल्ल नेईं सरकार। इत्थै जेठे पुत्तर जां जेठी नूंह दा गलूर लगदा ऐ। ब'न्नै दै थल्लै जल–रासक ऐ। ओह् पानी निं चढ़ना दिन्दा।

(भाख गूंजदी)

प्याल लोकैं राजा रासक बसदा, रासक बसदा
चढन जे दिन्दा नेईं नीर।

मुख जे निक्का राजा, गल्ल जे बड्डी ऐ
गल्ल ते आखी नेईं जा ऽ ऽ ऽ।

जेठा जे पुत्तर राजा, जेठी जे नूंह ऐं, जेठी जे नूंह,

इक दा लगदा गलूर।

जली–बली जायां मेरिय कुल्लू दे कूहले,
कुल्लू दे कूहले, चढदे निं चन्दरे नीर।

राजा :– एह् तुस केह् आखा करदे ओ ?

पंत :– महाराज पोथियां इय्यै दसदियां न।

सारे लोक :– साढ़ा सब्बनी दा गलूर देई देओ पर असें एह् निं होन देना।

इक :– असें पानी निं चाहिदा।

दो :– असेंई सोक्का मंजूर ऐ।

त्रै :– अस मरी सकनेआं बिना पानी दै।

चर :– पर एह् नेईं जरी सकदे।

पंज :– युवराज जां निक्की राणी दा गलूर नेईं लग्गन देना।

बजीर :– पन्त जी ऐसा पुआ करो जे मेरा गलूर लग्गी सकै।

पंत :– बजीर जी मैं ते पोथियै लिखे दा गै बाचना ऐ। विधमाता दा बधान टाली निं सकदा।

राजा :– (स्वगत) राजा दा धर्म परजा दी सेवा ऐ। जेकर पानी नेईं चढ़ेआ तां साढ़ी हास्सो–हानि होग... लोकें पर बी असर पौना। (निश्चय कन्नै मुट्ठी बटदे होई) पानी जरूर चढ़ग। भाएं मेरा बैंस गै मिटी जाग। इस परख दी घड़ी च मैं पूरा उतरगा।

सारे :– असें पानी नेईं लोड़चदा.....।

(लाईट बल्लैं–बल्लैं बन्द होई जन्दी)

सीन–10

(मंच उप्पर बल्लैं–बल्लैं लो पोन्दी ऐ)

(राणी सिर–बांह देइयै बैठी दी ऐ। राजा चक्कर ला करदा ऐ।) (पिच्छैं भाख चला करदी ऐ)

(भाख गूंजदी)

राजा ते राणी दौऐं गल्लां जे करदे, चैंता जे करदे
किंयां बै देना ऐ गलूर।
सिर जे होंगन राजा पग्गां बथ्हेरियां, पग्गां बथ्हेरियां
पुत्तर जे होंगन राजा नूहां बथ्हेरियां, नूहां बथ्हेरियां,
नूहां दा देना ऐं गलूर।
लिखी–लिखी चिट्ठियां राजे ने पाईयां, राजे ने भेजियां
घरैं गी आयां नूहें प्यारिये......
जली–बली जायां मेरियो कुल्लू दी कूह्ले–कुल्लू दी कूह्ले,
चढेदे निं चन्दरे नीर।

(गीत दे बोल मद्धम होन्दे जन्दे न)

राजा :– मेरी कक्ख समझा निं औआ करदा। जे गलूर लग्गी जा तां पानी चढी जन्दा ऐ। इन्नी लुकाई बची जन्दी ऐ। पर अऊं अपने कालजे दे टुकडैं दा गलूर किंयां देआं ?

रानी :– जेकर तुस पिच्छैं हटदे ओ तां बी लोकैं आखना घरै पर बारी आई तां परजा दी प्रीत भुल्ली गेई।

राजा :– इय्यै ते अऊं सोचा करनां जे मिकी केई तु'मतां लगनियां जे घरै दे इक जीब्बे लेई केइयैं जीबैं दी बलि देई दित्ती। परजा दा सेवक टब्बरै दा सेवक बनियै रेही गेआ।

रानी :– पंत होर केह् आखदे कुसै इक दा गलूर लग्गी जा तां पानी चढ़ी सकदा ऐ ?

राजा :– हूम्।

रानी :– तां पुत्तरै कशा नूहें दा गलूर देना खरा। जनानी दा सिरे दे साइयैं दे बगैर बुरा हाल होन्दा। उआं बी पुत्तर होग तां नूंहा बथ्हेरियां।

राजा :– ओह ते ठीक ऐ। पर अपने पुतरें गी छोड़ियै बगान्नी धीए दा गलूर कियां देआं ?

रानी :– तुस नूहैं गी पुछगे तां ओह् बी इय्यै आखग जे युवराज दै थाहर उसदा गलूर दित्ता जा।

राजा :– पर अऊं अपने मने गी कियां समझां जे सब्भ किश ठीक होआ करदा ऐ।

रानी :– समझाना ते पौना। बाझ होसलै दे चारा बी केह् ऐ ?तुस इक कम्म करो चिट्ठी लिखियै उसगी बगैर लौऐ–लटाकै साफ–साफ लिखी देयो जे तेरी औहत देनी ऐं। जे आई गेई तां खरा नतां अपना पुत्तर ते है गै।

राजा :– तुस केह् समझदियां जे ओह् पिच्छैं रौहने आह्ली ऐ। पर जिसी कल एह् आखियै भेजेआ जे तेरै बिना इस घर सुन्न–मसान पेई जानी ऐ हूण उस्सी एह् कियां लिखां जे तूं सदा–सदा लेई साढ़े कश बिछड़ने आस्तै आई जा ...... .नेईं नेईं.....एह् निं होई सकदा।

रानी :– एह् पत्थर असैं दिलै पर रक्खना गे पौना ऐं।

राजा :– (आवेश च) ल्याओ कोई ऐसा पत्थर, रक्खी देओ मेरे ढंडै पर, जिस कन्नै अंऊ बी पत्थर बनी जां, तां जे जिस जीभ

चा जिसगी लक्ख बरा आजू दी सीस निकलदी ही उस चा एह् आखी सकां जे जा तूं मरी जा। पर केह् करां गलाना गै पौना ऐ।

रानी :— महाराज अपने आप गी साम्भो।

राजा :— पैहलैं इक पिता दी मोत होग। राजा जागी जाग जिसदै आस्तै परजा गै सभ किश ऐ। पहलैं औं अपनी बली देआ तां गै उसदा गलूर देन होना। अपने आप गी सांम्भां, परजा गी साम्भां, धीए गी साम्भां जां निक्के राजकुंवर गी, जिस अजैं छड़ा दुद्धा सुआद गै सेही ऐ। समाना रा बिज्ज की नीं पौन्दी ते औं भस्म की नेईं होई जन्दा।

रानी :— थुआडा जां मेरा गलूर–व्यर्थ ऐ, नेईं तां औं ते नेंईं ही रूकदी। तुसें छड़ा राजा बनियै सोचना ऐ अपनी परजा बारै।

राजा :— क्या मेरी परजा च कुल्लू शामल नेईं उसदी रक्षा करना राजे दा फर्ज नेईं।

रानी :— साढ़ा सारा परिवार, इक इक सदस्य परजा दी भलाई लेई ऐ, असें ई राजे दा फर्ज नभाना ऐ।

राजा :— पन्त होरें मेरा नां निं लैता। मेरा गलूर देने गी की नेंईं गलाया। अस ते हुन खाई पी बैठे दे कुल्लू बचारी ते अजैं इक खिलदा फुल्ल ऐ अजैं भलेआं खिड़ी दी बी नेईं।

रानी :— होनी गी कुन टाली सकदा–अस किश सोचने–होंदा किश होर।

राजा :— महारानी जी–होनी आखी ऐ–अस दोश थमां मुक्त नेईं होई जन्दे–जंदू तकर दुनिया रौह्ग–साढे नां पर सुआर्थ

दी तोहमत लग्गी दी रौह्ग।

रानी :— पर कुल्लू दा फैसला बी इयै होना।

राजा :— (लम्मी सूक सुट्टी) अस अपना फैसला अपने पुत्तरै पर की नीं मढ़दे? कुल्लू गी सजा की सुनाचै। (पिच्छों दा भाख)

सिर जे होंगन राजा पग्गां बत्हेरियां।
पुत्तर जे होंगन राजा नुंहा बत्हेरिया।।
सिर जे होंगन राजा पग्गां बत्हेरियां।
पुत्तर जे होंगन राजा नुंहा बत्हेरिया।।
नुहां दा देना ई गलूर।
मेरिए जाने चढदे नीं ठण्डे नीर।।
जली बली जायां मेरिये कुल्लए दी कूह्ले।
चढदे नीं चंदरे नीर.......।।

रानी :— तुसैं गी विधी दा लिखे दा मन्नना गै पौना—साढ़ी कुल्लू दा नां सदा लेई जिन्दा रौहना।

राजा :— जिन्द ऐ तां जहान, जिन्द नेई रेही तां नांऽ केह् करना?

रानी :— कोई बी जनानी अपने जींदे जी—अपने सुहाग दा बलिदान नेईं देई सकदी।

राजा :— महारानी एह् थुआड़ा पुत्तर मोह् बोल्ला दा।

रानी :— कुल्लू दै थाहर मेरा गलूर देई देओ—कदैं बी उफ नेईं करगी—कुल्लू साढ़े महलें दी सोभा ऐ, शंगार ऐ पर औं बंस दा नाश कियां होना देआं महाराज ?

(लो बल्लैं—बल्लैं मुक्की जंदी)

सीन–II

(मंच उप्पर लो गौन्दी ऐ।)

(मंच उपर कुल्लू ते उसदी दासी दा प्रवेश। दौऐं मंच दै मझाट्टै आइयै टैह्लन लगदियां न।)

कुल्लू :– एह् बाग मिकी कदैं निं भुलदा। इत्थैं लग्गे दे भांत–सभांते फुल्ल, ते इ'ने फुल्लैं दी बाशना मिकी सौहरे तक औन्दी रोंहन्दी ऐ।

दासी :– औऐ बी की निं। आखर सारी बाल–बरेस ते चढ़दी जुआनी दी पौंगर इत्थैं गै दिक्खी दी ऐ राजकुमारी जी।

कुल्लू :– तेरी गल्ल सच ऐ। पर पलै–पलै एह् राजकुमारी जी राजकुमारी जी केह् करनी होन्नी। तुकी किन्ने बारी गलाया जे अऊं तेरी स्हेली आं–राजकुमारी नेईं।

दासी :– सच, सच गै होन्दा। तुस मिकी भाएं स्हेली समझो पर मैं राजकुमारी गै गलाना ऐं।

कुल्लू :– अपना हठ निं छोड़ना। तुकी ते अऊं म्हेशां अपनी स्हेली गै समझनी। अपनी कोई बी गल्ल कदैं तेरै शा छपैली निं ते तूं पता निं केह् समझनी?

दासी :– एह् थुआड़ा बड्डापन ऐं।

कुल्लू :– ते तेरा केह् बडप्पन ऐ जे अपने आप गी दासी गै समझदे रौह्ना। आ, इत्थैं बेही जाचै। दिक्ख हां किन्ना छैल सैल्ला कचूच खब्बल ऐं

दासी :– अपनी परानी जगह बी चेतै ऐ।

(दमैं जनियां बेई जदियां, लाल लोई दा दायर उंदै'र आई जंदा)

कुल्लू :– राजकुमार सुत्ता दा ऐ नां ?

दासी :– अऊं अप्पूं सुआली आए दी। कनैं चंपा गी उत्थैं गै ब्हाली आई ही।

कुल्लू :– मड़ी चैंचला सच्चैं गै तूं किन्नी चंगी ऐं।

दासी :– अच्छा एह् छोडो परैं फफ्फड ताल। एह दस्सो उत्थै कियां गुजरा दी ऐ ?

कुल्लू :– पिच्छें हो। अऊं फफ्फडताल लारनी कफ्फनियें

(दौऐं हसिदयां न)

दासी :– अच्छा छोड़ो परैं। हुण सुनाओ बी।

कुल्लू :– अच्छा तां गल्लैं दी तूं बी सोरकन ऐं।

दासी :– हून किश उचरो बी।

कुल्लू :– केह दस्सां मड़ी। इयां प्योकै दा उद्दरन ते लगदा गै बा उत्थैं मिकी अपना गै घर बझोआ। मेरी सस्स ते देवी मां दा रुप गै समझ। उ'नैं कदैं बी मिगी अपनी नूंह् समझेआ गै नेईं। धियैं आह्ला लेखा गै हिर्ख करदियां न। धी–पुत्तर आखदे उन्दा जात सुकदा ऐ।

दासी :– अच्छा।

कुल्लू :– मेरे सौहरा इन्ने देवता सरुप न जे उन्दी परजा उन्दी सोह् निं खन्दी। मिगी ते म्हेशां बच्चा–बच्चा गै करदे रौह्न्दे। मेरै उपरैं तत्ती बाह् निं जाना दिन्दे। जंदू निक्का टिक्का होआ तां चैंता च उन्हें दो रातीं अक्ख नथी झमकी। जंदू अऊं आई तां उन्दी अक्खीं च पानी आई गेआ हा ते आखना लगे जाओ ते सेही बा थुआड़े बिना

एह मैह्ल सुन्ना गै लब्भना। राजकुमार दियें किल्कारियैं बगैर एह् घर गूंढा होई जाना ऐं।

दासी :– तां तुस सच्चैं गै भागमान ओ।

कुल्लू :– तो सच गै गलाया। मिगी ते उत्थैं अपना गै घर गै लब्भा। सगुआं उस कशा बी बद्ध अपना पन बझोआ। जिस राजे दी सारी परजा सुखी होऐ उसदा अपना घर सुरग होना गै।

दासी :– ते साढ़े जीजा होर। उन्दी बी किश गल्ल सुनाओ नां (गड़ाका मारदी ऐ)

कुल्लू :– चल पछेड्डी हो लज्जे।

दासी :– (मनौनी करदे होई) नेईं सच्चैं सुनाओ अड़ेओ। उन्दा सभाऽ कनेहा ऐ ?

कुल्लू :– ओह् बी देवता तुल्ल गै न मिकी कदैं किसा गल्ला बिन्दना निं दिन्दे। खुश रैहना सुभाऽ ऐ।

दासी :– मतलब चुबक्खा सुख गै सुख ऐ।

कुल्लू :– चुबक्खा सुख गै सुख।

(दौऐं हसदियां न राजकुमारी इक पास्सै दिखदी ऐ)

कुल्लू :– अड़िये दिक्खां भला ओह् कुण ऐं ?ते केह् कम्म ऐं?(दासीं जन्दी ऐ। कुल्लू खुशी च डुब्बी इक–दो चक्कर मंच उपर लान्दी ऐ। इन्ने चिरै गी दासी परतोन्दी ऐ।)

कुल्लू :– केह् गल्ल ऐ?राजकुमार होर जागी ते निं गे।

दासी :– नेईं तुसैं गी सौह्रे दा एह् चिट्ठी आए दी ऐ ते हरकारै गलाए दा ऐ जे चिट्ठी निक्की रानी गी जित्थैं बी होन

पुजाई दित्ती जा।

कुल्लू :— पढ़ हां केह् लिखे दा ऐ ?

दासी :— सनेहा एह् बी है जे चिट्ठी निक्की राणी गै खोल्ली सकदियां न।

कुल्लू :— इय्यै होना लिखे दा जे तौले घरे गी परतोओ। मैं तुगी सुनाया हा निं जे ओह् मिगी बड़ा प्यार करदे न। अट्ठे–दिनैं चा गै ओदरी गए न चल खोल चिट्ठी ते पढ़।

दासी :— अऊं..............अऊं..............

कुल्लू :— चल चल पढ़ तां जे तुगी पता लग्गै जे मैं जे किश गलाया हा ओह सच गै।

(चिट्ठी खोल्लियै पढ़ना लगदी ऐ।)

दासी :— बच्चा कुल्लू, तेरे धर्म माता–पिता पास्सेआ प्यार भरोत्ता आशीर्वाद।

कुल्लू :— दिक्खां है निं उऐ गल्ल। मेरे सस्सू–सौहरे दी गै चिट्ठी ऐ नां।

दासी :— (पढ़दी ऐ) अजें तुसैं गेदैं दस्स–बारां दिन गै होए न। पर तुसैं गी कुसै अड़बन्धी मुजब सद्दना पेआ। साढ़े पर बडी भारी औख बनी गेदी ऐ।

कुल्लू :— तौली पढ़ केह् औख आई गेई ऐ ? (घाबरियै)

दासी :— सोका अज सारै कशा बड्डा राजा बनियै परजा पर राज करा करदा ऐ। असें उस जाबर दै खलाफ लड़ने दा फैसला कित्ता ऐ। लोकैं उद्दम करियै नदी च कूहल ते कड्डी टकाई पर ब'न्ने उप्परा पानी निं चढ़ा ऐ, जिस बेल्लै

जोस्ती कशा कारण सुधाया तां पता लग्गा जे...जे...जे...

कुल्लू :– पढ़–पढ़ अटकी की गेई ?

दासी :– जे जेठी नूहां दा गलूर लग्गग तद्दे पानी चढ़ना ऐ। एह् लिखदे होई असैं गी इयां बझोआ दा ऐ जे असें कुसै निर्दोश गी सजा देआ करने आं। असैं अपना कम्म दस्सी दित्ता, अग्गैं थुआढी अपनी मर्जी ऐ। आओ भाएं नेईं आओ। उआं पन्तै जेकर मेरा गलूर देने गी गलादा होन्दा तां मेरी किन्नी खुश किस्मती ही...।

(भाख गूंजदी ऐ)

जेठा पुत्तर राजा, जेठी जे नूंह ऐ।
जेठा पुत्तर राजा, जेठी जे नूंह ऐ।

इश्क दा लगदा गलूर
आया सनेहा मौती दा अड़ेआ, मोती दा अडेआ,
जाना ऐ मैं तां जरुर।
होरनैं दा लिखेया मोड़ी बी दिन्दी, परती बी दिन्दी,
सौहरे दा लिखेआ कबूल।

ओह् मेरिये जिन्दे, मेरिये जान्ने
चढ़दे निं चन्दरे नीर।

छासी :– एह् चिट्ठी ऐ जां मौती दा आला। राजकुमारी जी, राजकुमारी जी (झंझोडदी ऐ) तुस चुप्प की ही गेइयां ?

कुल्लू :– हम्–हम्। हां केह् होई गेआ। इन्नी परेशानी आह्ली कोई गल्ल नेईं। मौत ते इक दिन कुसै नां कुसै ब्हान्नै औनी गै होन्दी। अऊं ते भागमान आं जे परजा दे कम्म औन लगी। अक्सर राजैं–राएं गी इन्ना त्याग ते करना गै

पौन्दा ऐ। मिकी ते एह् मौत सुनाइयै औआ करदी ऐ।

दासी :– एह् जिन्दू दा मसला ऐ।

कुल्लू :– ते म्हेशां रौह्न्दी ऐ के एह्। इक दिन ते जाना गै। अज्ज नेईं तां चार दिन बाद सेई।

दासी :– ब दिक्खो हां...

कुल्लू :– तू चिन्ता किस्सी करनी मेरियै भैने। एह् ते उच्चे भागैं आह्ली गल्ल ऐ। कर्तव्य दी गल्ल ऐ।

दासी :– मिकी परती–परती राजकुमार दा ध्यान औआदा ऐ। उन्दा केह् होग ?

कुल्लू :– ओह ते राजकुमार ऐ। उस्सी केह्दा घाट्टा ऐ उसदे दादी दादा ते पिता सब्भ उस आस्तै सब्भ किश समर्पण करने आह्ले न।

दासी :– मैं तुसैं गी निं जान देना। (रोंदी ऐ)

कुल्लू :– मौती कशा कोई बी कुसे गी बचाई निं सकदा। उसदा पंज्जा बड़ा मजबूत होन्दा ऐ।

दासी :– दिखदी अक्खीं ज़ैहर खाना कोई खरी गल्ल ऐ। जिस चीज गी टालेआ जाई सकै उसदा जतन करना चाहिदा।

कुल्लू :– जे होनी टलदी तां रामचन्दर जाड़ैं नि फिरदे ते शन शकारी हत्थैं नथे प्राण तजदे। उआं बी मौती गी ते छड़ा ब्हान्ना लोड़चदा होन्दा। ओह् ब्हान्ना ऐ मेरा गलूर।

दासी :– नेई राजकुमारी, मेरी प्यारी राजकुमारी। मैं एह् किश निं होन देना मैं सारें गी सुनाई देना ऐं। (रोंदी ऐ)

कुल्लू :– मेरी प्यारी स्हेल्लडिये, मिकी हून कोई निं रोकी सकदा।

मैं जाना गै जाना ऐं। पता लग्गा तां जिन्ना–जिन्ना जिसी जिसदा रिश्ता ऐ,, उन्ना–उन्ना बसोस सारें गी होना ऐं।

दासी :– एह् कनेहा प्यार करदे न तेरै कन्नै तेरे सस्स सोह्रा। राजकुमारी तूं ते आखदी ही जे ओह् तुकी अपनी धी मिथदे न।

कुल्लू :– तोह् चिट्ठी दी खीरली पंतालियै आस्सै शैद ध्यान निं दित्ता, काश, पन्त मेरा गलूर देने गी आखदा। ते होर सुन, उन्दा प्यार ते उन्दा आदर मान मेरै मनै च होर बधी जन्दा ऐ। जिसलै ओह् बिना लौऐःलटाकै एह् आखियै इक विश्वास कन्नै सद्दा करदे न जे आ, पुत्तर तेरा गलूर देना ऐं। जे ओह् चाह्न्दे तां धोखै कन्नै सद्दियै बी ते बलि देई सकदे हे। एह बड़ी–बड्डी गल्ल कीती ऐ उ'नैं, अऊं उन्दै कन्नै बेईमानी कियां करी सकनी ?

दासी :– बा दिक्खो हां...

कुल्लू :– उ'नै साफ–साफ लिखेदा ऐ जे औना चाह्न्नी ऐं तां आ, नेंईं मन तां नेंईं आ। चिट्ठी च इक विश्वास ऐ ते अंऊ विश्वास घात नेंईं करी सकदी।

दादी :– अपने माता–पिता कोला आग्या ते लैनी गै पोनी। तुसैं गी, ओह् निं जान देन लगे।

कुल्लू :– जिस बेल्लै सीता रामचन्दरैं कन्नै बनवासै गेई तां ओह् बी रोकी सकदे हे।

दादी :– ओहो उत्थैं ते जंगली जीन ते हैथा। इत्थैं ते मौत ऐ।

कुल्लू :– मत्थे दियां लकीरां थोड़ियां मिसदियां न। सब तकदीर दी लीला ऐ। मोइये नेंईं मिटदी तकदीर–भाएं लक्ख

जतन करो।

दासी :– पर मैं महारानी गी सनाना गै सनाना

कुल्लू :– उ'ने गी की दुखी करनी ऐ?

दासी :– तुस उ'नेंगी सनाए बिजन गै चली जागियां.......?

कुल्लू :– (ठण्डा साह लेई) हमेशा लेई जाना सनाना ते पौना गै (रुकियै) कदें सोचनी अपूं पता लग्गी जाग।

दासी :– मां धीएं पुत्तरें गी बड़ा प्यार करदी, भाएं बच्चें दी उमर जिन्नी बी है माऊ लेई बच्चे गै रौहन्दे।

कुल्लू :– बा अपनी मौती दा सनेआ उसी कियां देआं। माउ दा तड़पना मैं नीं दिक्खन होना।

दासी :– तुस बी मां ओ–अपने गिल्लू गी छोड़ने दी पीड़ बुज्झी गै सकदियां ओ।

कुल्लू :– मेरे अन्दर सागर मंथन कोला बी बड्डा मंथन चलादा ते मिगी इसदा नतीजा बी पता ऐ। इसदा जैहर मैं गै पीना ऐ ते अमृत लोकें लेई ऐ। बस इन्नी खुशी मिगी...

दासी :– क्या सच्चैं गे इस देह् दा त्याग इन्ना आसान ऐ... मेरे लेई ते नेईं होई सकदा ते तुस...

कुल्लू :– परतां नेईं खोलनियां–पता नेईं जे के...

दासी :– थुआड़े गिल्लू दा बी हक्क ऐ थुआड़े पर...

कुल्लू :– उसी अजें कोई समझ नेईं ऐ (हसदे होई) ते जंदू उसी समझ औनी–अंदू तकर उस सम्भली गेदा होना।

दासी :– ना समझी ते समझ दे बश्कार दा सफर (रुआंखी) ओह्दा

के होग ?

कुल्लू :– कदैं कदैं तूं बड़ियां डुग्गियां गल्लां करी जन्नी .... तूं सच्चैं गे बड़ी स्यानी ऐ।

दासी :– नेईं स्यानप कित्त लाई–जिसी कोई समझै नेईं।

कुल्लू :– मेरै बस्स किश नेईं ऐ–कदैं प्यार मजबूर करदा ते कदैं फर्ज–ते दमैं इक्कै पास्सै धकदे।

दासी :– तुसैं मन्नना नेईं ऐ।

दासी :– तां औं राजमाता गी सुनाई औनी आं (मुडदे होई)

कुल्लू :– (रोकदे होई) नेईं नेईं–उ'नें गी किश चिर ते इस अग्गी शा दूर रौह्न दे।

राजमाता :– (अन्दर औन्दे होई रोहांखी) बच्चें गी सेक लग्गै ते माऊ गी ऐदा एहसास नेईं होऐ–एह ते माऊ दी ममता दी तोहीन ऐ।

कुल्लू :– अम्मा... (दमे जनियां गलै लगदियां न)

राजमाता :– औं उस अग्गी च त्रैं दिने थमां जलानी–मैं बी इयै सोचेआ हा जे तुकी इस सेकें शा किश चिर दूर रक्खा आखर तेरी मा एं। तुगी तत्ती ब्हा कियां लग्गन दिन्दी।

कुल्लू :– तुसें पता हा... जे...

राजमाता :– चिट्ठी मिगी गै देई गेआ हा– इसदे अक्खर पढ़दे गै मेरे दिलै दमागे कन्नै मेरे शरीर च बी अग्ग लगी गेई ही– बा आखर सेक तेरे तगर पुज्जना गै हा–की जे मेरे आंचल च इन्नी समर्थ नेई ही जे ओ इसी रोकी सकै।

कुल्लू :– माता तुस इन्नी दुखी की होन्दियां–बलिदान देना ते राज

परिवार दा फर्ज होन्दा–केई राजे अपने राज गी बचानै आस्तै मरी गे–इतिहास दसदा ऐ तुसें बी ते इयै शिक्षा दित्ती सदा।

राजमाता :– शिक्षा देने ते ओह्दै र पूरा उतरना दौं बक्ख–बक्ख गल्लां न।

कुल्लू :– शिक्षा दिन्दैलै जेकर ए बी शिक्षा दित्ती होन्दी तां खबरै अज्ज एह् नेईं होन्दा।

राजमाता :– तूं उ'नें गी पुच्छां मेरा गलूर लग्गी सकदा नेई ?

कुल्लू :– (साह) चिट्ठी च पिता होरें बी लिखे दा ऐ जे काश जोस्तियै गलूर आस्तै मेरा नांऽ चुने दा होन्दा। जेकर ओ बलिदान लेई तैयार न ते औं पिच्छे कियां रेही सकदी ऐं?

राजमाता :– नजूमिए गी इत्थैं सद्दी पुच्छो मत कोई होर पुआ होऐ।

कुल्लू :– ए खीरी पुआ हा पिता होरें नजूमिएं गी सौ बारी पुच्छेआ होना– इस फैसले तगर पुज्जने लेई केईं क्रो सफर कित्ता होना– ओ मिगी धीएं कोला बी बद्द समझदे न।

राजमाता :– पर पुच्छने गी के जन्दा–बच्चा मेरा मन आखदा मत कोई सबील सुज्झै (रुआंखी)।

कुल्लू :– माता– नजूमिए गी सदाई पुच्छने दा मतलब ऐ जे देवता सरुप सौहरे पर शक्क करना ते जेह्ड़ा औं सत्त जन्म बी नेई सोची सकदी।

राजमाता :– बा इस शक्क च मिगी तेरा जीन लभदा ऐ।

कुल्लू :– ए थुआड़ा भ्रम ऐ। राजमाता सुनो! लोक उन्दा इन्ना आदर मान करदे जे मेरी गल्ल ते छुड़ो जेकर उ'नै गलूर

देने आस्तै अपनी लकाई च कुसै गी बी आखेदा होन्दा–उ'नै नां नेईं ही करनी।

राजमाता :– बा आऊं अपने मने गी कियां समझां। (रोआंखी) बच्चा मिगी अजें तेरियां खेड्डां बी नेईं भुल्ली दियां–तेरियां घसूतडियां–निक्के निक्के पैरुयै च निक्की निक्की झांझरां पाइयै दौड़ना, अज्ज बी उन्दी छनकार मेरै कन्नै च मेरे दिलो दमाग च कैद ऐ (रोंदी ऐ)

कुल्लू :– राजमाता रोआरदियां न ?

राजमाता :– राजमाता–माता बी ऐ–तेरे लेई किन्नियां सुक्खनां कित्तियां हियां–मेरे गिल्लुआ तूं नेईं जानदी।

कुल्लू :– मेरे ब्योहने परैन्त थुआड़ा हक्क घट्ट ते उन्दा हक्क बधी जन्दा। उआं बी मुश्कल बेल्लै मुंह छपैलना राज परिवार गी शोभा नेई दिन्दा ऐ।

राजमाता :– बच्चा ए जिन्दू दा मसला ऐ (दुखै ने करलांदे होई)

कुल्लू :– जिन्द सदा लेई कुस सम्हाली ऐ माता, लक्ख पिंजरे च रक्खो बक्त औने पर ए पक्खरु फुर्र होई गै जन्दा ऐ

राजमाता :– तूं स्यानी होई गेई ?

कुल्लू :– वक्त कन्नै स्यानप आई गै जंदी।

राजमाता :– पैहलें औं चिट्ठी छपैलन लगी ही तां जे औं स्यानी होई सकां।

कुल्लू :– नेईं सनांदियां तां ते अपने घर कियां जाना हा–खबरै घर जाना बी नेईं होन्दा–पन्त होरें जेठे पुत्तर जां जेठी नूहें दा गलूर देना आक्खेआ हा। जेकर कदैं...

राजमाता	:–	उ'ने गी नुहां बतेरियां–बा (रौन्दे होई) औं ते कुसै दी ताल बी नेई करी सकदी–इक पासै धी ते दुए पासै जमात्रे दा घाटा। मेरा गै–दौन्नें दाएं खंगाह्ला ऐ।
कुल्लू	:–	ते फी मिगी की रोकदे ओ–घट्ट घाटे आला सौदा करी लैओ (रुकी ऐ ठण्डा साह) माता–मेरे कुसै बी फैसला दा अंजाम मेरी हार गै हा–इस लेई सब किश जित्तियै हारने शा खरा ऐ जे कोई सब किश हारिऐ जित्ती जा।
राजमाता	:–	(रोन्दे होई) तेरा बडा जिगरा ऐ–तूं सच्चैं गै देवी रुप ऐं, बा औं एड्डा कालजा कुथुआ करां।
कुल्लू	:–	कालजा भाएं जिन्ना मर्जी छाननी होऐ बड्डा कोला बड्डा दुख स्हारी लैन्दा। कोई बी सज़री गल्ल बल्लें बल्लें बेही होई जन्दी ते फी भुल्ली बी जन्दी।
राजमाता	:–	किश गल्लां खीरी सांहे तगर चेता रौह्न्दियां ते हर बेल्लै दुख दिन्दियां न भुल्लना ते दूरे दी गल्ल ऐ।
कुल्लू	:–	माता... मिगी... टोरने दी तैयारी करो (अपनी पीड़े गी छपैलदे होई)
राजमाता	:–	सौहरे घर टोरनैले गै कालजा बाहरें गी औन्दा ते (रोन्दे लेई) सदा लेई टोरना मेरे बस्से दी गल्ल नेई।
कुल्लू	:–	तां तुस हुन मिगी विदा बी नेईं करगियां, मै अप्पूं गै विदा होना होग?
राजमाता	:–	बस मेरी धीए–बस (रोन्दे होई उसी गल्लै नै लाई लैन्दी ऐ) तेरे पिता गी केह् जवाब देंग जेल्लै ओ शकारा दा परती ऐ औंगन।

कुल्लू :– वक्त ने साढ़ा शकार करी लेआ ऐ अस उस दे पिंजरै च ऐं।

राजमाता :– किश चिर बलगी लै।

कुल्लू :– माता पक्खरु जिन्नै चिर पिंजरै च फडफडांदा रौह्न्दा उसदे पालन हार गी दुख लगदा।

राजमाता :– तूं ए कदेइयां गल्लां करानी।

कुल्लू :– दुख देने आह्ली चीजे शा मुंह मोड़ी लैना चाहिदा। जख्मे गी म्हेशा खट्टी ऐ रखदे –कीजे जिन्ना चिर उस पर नजर पौन्दी रवै पीड़े दे लपारे उठदे रौह्न्दे।

राजमाता :– तूं मेरी पीड़ नेई, मेरा जख्म नेई, मेरी खशवो ऐं, संगीत ऐ, मेरी खुआईश ऐ (मां धीए गी गलै लाई रोन्दी ऐ)।

लोऽ बल्लैं–बल्लैं घटदी जन्दी पिच्छो दा भाख चलदी ऐ)

जली–वली जायां मेरिए कुल्लए दी कूह्ले
चढदे नीं चंदरे नीर.... ओ मेरिए जाने....।

सदा लेई विदा मां धीए गी करदी, धीए गी करदी
थमदे नीं अक्खीं दे नीर–ओ मेरिए जाने।

थमदे नीं अक्खीं दे नीर
डोली दे क्हार अज्ज जमदूत जे लगदे–दूत जे लगदे....।

सुक्की गई छाती दे सीर ओ, जिन्दे सुक्की छाती दी सीर....
चढदे नीं चन्दरे नीर।

सीन–12

(कुल्लू श्रंगार करादी, सारा समान पेदा, शीशा, बिंदी, संदूर....)

दासी :– ए तकदीर नेई तकदीर कन्ने जबरदस्ती ऐ, तकदीर गी दोस देने आह्ली गल्ल ऐ

कुल्लू :– एह ते अपनी–अपनी सोच ऐ। एह इक परख ऐ ते परख'च पूरा उतरना हर मनुक्खे दा इक धरम होन्दा ऐ। परखे पर पूरा उतरना सब्बने गी चंगा लगदा ऐ।

दासी :– नेंई राजकुमारी जी नेंई तुस अपना विचार बदली देओ।

कुल्लू :– ते फ्ही सारी उमर अपनै मत्थे पर कलंक लाइयै जींदी रौआं ते एह् खुआं जे उऐ रानी ऐ जेह्ड़ी अपनी परजै आस्तै मौती शा डरियै दूर गेई ही। उआं बी जिलै मौत औग तां उस बेल्लै मिगी कु'न रोकी सकग। औं ते खुश किस्मत आं ते गलूर आस्तै मौती ने मिगी गै चुनेया ऐ।

दासी :– खुशकिस्मत ?

कुल्लू :– हां, खुशकिस्मत! मेरा गलूर लगदे गै पानी छल–छल कीता दी चढ़ी औना ऐ। साढ़े राज दे खेतर लैह्–2 करदे झुल्ली पौने न। केई परिवार सौके कशा बचने न ते मैं भी केई दिन तक जीन्दे रौह्ना ऐ कुल्लू दी कूह्ल दे रुपे च। इस करी मैं हर सूरत च जाना गै जाना ऐ। अपने गलूर दुआने आस्तै।

दासी :– एह् के आक्खानी।

कुल्लू :– तूं मिगी त्यार कर। सजाऽ, संभार, चूड़ा पुआ, श्रंगार कर। मेर आखरी श्रंगार।

दासी :– (रोंदी) मिगी जल्लाद की बनानी।

(बल्लें–बल्लें उस्सी श्रंगार दा समान दिन्दी ते रोंदी ऐ
पिछों दा गीत गूंजदा ऐ।)

चली ऐ कुल्लू लोको सौह्‌रे गी चली ऐ
जिन्दू दा मोह्‌ ऐ मुक्केआ।
अम्मा ते बाबल दे नैन परस्सिज्जले
कुल्लू दी अक्खी दा नीर सुक्केआ।
तौले चुक्को मेरी डोली गी क्हारो
कुल्लू दे जीने दा चा चुक्केआ।

(गीत बल्लें–2 बन्द होई जन्दा ऐ।)

(लोऽ घटदी–घटदी भलेयां मुक्की जंदी)

सीन–13

(मंच उप्पर लोऽ पौंदी, उयै कूह्ले आह्ला थाह्र ऐ।)

राजा :– वजीर जी।

वजीर :– जी सरकार।

राजा :– वजीर जी एह् मेरै हत्थैं कुल घात होन लगा ऐ। महापाप।

वजीर :– सरकार सब करमें दी खेड ऐ। इस देवी दा जन्म गै इस परोपरकार आस्तै होएदा ऐ।

राजा :– पर वजीर जी मैं लोकें अग्गें कियां मुंह ध्याना ?

राजा :– सरकार हौसला करो। कल्ल जे थुआडी परजै चा कोई एह् फरियाद लेइयै औग जे सरकार मेरा टब्बर इक घुट्ट पानी आस्तै तरसा करदा ऐ तां उसी तुस केह् आखगेओ? जे कोई बच्चा अपनी तोतली जुबान च एह् पुच्छग जे मेरी अम्मा त्रयाहेदी मरी गेई तां तुस केह् आखगे आ ? उस सल्ल गी कियां बरदाश्त करगे ओ?

राजा :– पर जे कल्लै गी मेरे पोत्रू पुच्छग जे मेरी अम्मा गी केह्दी सजा दित्ती ? जां फ्ही कुल्लू गै पुच्छग जे पिता जी मेरा केह् कुसूर ऐ तां उस्सी केह् जवाब देंग।

वजीर :– उसने जेकर कुसूर पुच्छना होन्दा तां ओह् इत्थें औन्दी गै की?

राजा :– तां केह् भला कुल्लू आई गेदी ऐ? (घाबरियै)

वजीर :– हां महाराज। युवरानी ओह उत्थैं सखियें कन्नै खड़ोती दी ऐ (कुल्लू दी प्रवेश) ओह् दिक्खो सोलह सिंगार करियै

		आइदी ऐ। ते आखदे न एह सिंगार उसनै आपूं हत्थैं कीते दा ऐ।
राजा	:–	ते निक्का राजकुमार?
वजीर	:–	ओह् दिक्खो महाराज दादी दै मूढे ऐ हस्सा करदा।
राजा	:–	हां उस्सी बचैरे गी केह् पता ऐ, जे केह खेखन होन लगा ऐ।
इक	:–	महाराज सब किश तैयार ऐ।
राजा	:–	हां सब किश तैयार ऐ। छड़ी लोड़ ऐ मेरी जींदी जागदी नूंहे दी। (अत्थरुं पूंजदा ऐ)
वजीर	:–	(अत्थरु पूंजदे होई) महाराज हौंसला रखो (राजा दा कुल्लू कोल जाना ते हत्थ बन्नी ऐ उस कोल खडोना)
राजा	:–	पुत्तर हून तूं मेरी नूंह् नेईं, धी नेईं बस इक देवी ऐं। त्याग ते बलिदान दी मूरत मैं तुगी बार–बार हत्थ जौले करियै परनाम करना। इस महापाप आस्तै मिगी क्षमा करेआं।
कुल्लू	:–	पिताजी, मेरे सिरै पर पाप नेईं चाढ़ेओ। मेरी ते ईश्वर अग्गैं इय्यै प्रार्थना ऐ जे मैं हर जन्म थुआढ़ै आस्तै समर्पित रवां। हर जन्म च मैं गै थुआढ़ी बच्ची बनियै आवां।
राजा	:–	पर एह् बी प्रार्थना कर जे मैरे हत्थैं एह पाप निं होऐ ते गलूर चारै बन्नै देना गै पौऐ तां मेरा लग्गे तेरा नेईं। (रोंदा ऐ)
कुल्लू	:–	पिता जी एह् निं आखो। एह जीवन ते लुकाई दे नौग्गे

लग्गा करदा ऐ। हूण चिर निं लाओ। नेईं तां लौकें पता निं केह् समझना ऐ।

राजा :– तूं सच्चैं गै देवी ऐं। एह लुकाई ते इसदियां औने आलियां पीढ़ियां तुगी पूजंगन। मेरी इय्यै कामना ऐ।

वजीर :– सरकार सूरज घ्रोने शा...

राजा :– चलो... जाओ पुत्तर जाओ अपने इस नभागे प्यो गी माफ करी देओ।

(जय कारा गूंजदी ऐ... कुल्लू रानी दी जय... ते भाख गूंजदी ऐ। बन्न चनोना लगदा ऐ–कुल्लू दे आस्सै–आस्सै)

गीट्टें जे गीट्टें कुल्लू जे दब्बी ऐ
कुल्लू जे दब्बी ऐ।

छाती रक्खो मेरी बान्दै ए नां
छाती दा पीनी गिल्लै सीर बे नां।

छाती जे छाती जेल्लै कुल्लू जे दब्बी ऐ
ओ कुल्लू जे दब्बी।

मुख रोहऐ मैरे कैन्ते दी नशानी बे नां।

दो :– ओह दिक्खो रानी छाती तक दब्बी दित्ती ऐ

राजा :– हाय। मेरा बच्चा अद्धी–अद्धी दब्बी दित्ती ऐ (बेहोश होई जन्दा ऐ)

मुखैं जे मुखैं जेल्ले कुल्लू जे दब्बियै
अक्खी रोहन् देओ जग दी नशानी बे नां,

सिरैं जे सिरैं जेल्लै कुल्लू जे दब्बी दे
चढी आए चन्दरे नीर बे, मेरिएं जिंदे चढ़ी गे चंदरे नीर।

(कुल्लू दे जयकारे गूंजदे ते लोऽ बल्लैं–बल्लैं बंद होई जंदी)

पैह्र ध्याड़ा

पात्तर

1. बुड्ढा
2. नौजुआन
3. रुम्बलू
4. संदलो — रुम्बलू दी भैन
5. अर्बलू — रुम्बलू दी माऽ
6. तल्होफू — रुम्बलू दा घरे आह्ला
7. नैंतू — रुम्बलू दा भ्रा
8. अम्मा — रुम्बलू दी सस्स

पैह्र ध्याड़ा

सीन–I

(मंच उप्पर लोऽ पौंदी, बुड्ढा लोई दै दायरै च मंच उप्पर खड़ोता दा ऐ, ओह्दै हत्थै च झारी ऐ।)

बुड्ढा :– अस ते ढलदी सञ आं जां भी आखो खाल्ली पंडोलू। तुसें गी देनै आस्तै किश बी नेंई ऐ– की जे सारी उमर इस ढिड्डे गी भरने लेई, रुट्टी लेई, जुद्ध करदे रेह्– झूठ बोले– बेईमानी कित्ती– धोखे कित्ते। लुट्ट– ध्रूढ़ मचाई–बा एह् तल्लड़ (ढ़िड्डे पासै शारा करी) कदें भरोई गै नेंई ते हून एह् बी खाल्ली ते अस बी खाल्ली– जे साढ़े कोल– है तां किश गल्लां किश कत्थां– किश चेत्ते– बा सुनाचै कुसगी? अज नां पोत्रुएं गी नां दोह्त्रुएं गी मेरी गल्लां सुनने दा टैम जे ओह् मेरी कथ सुनै– रातीं सौने शा पैहलें आखै दादा जी मिगी कोई कत्थ सनाओ मिगी नींदर नेंई आवादी। (रुकिऐ) – अज्ज दादी–नानी दे थाहर टी.वी. ऐ मोबाइल ऐ। (इक्क पास्सै दा इक नौजुआन दा औना। लोई दा घेरा बधी जन्दा ते नौजुआन बी उस घेरे च आई जन्दा)

नौजुआन :– मैं आखेआ कोह्के रोने रोआदे ओ–नूहां रुट्टी नेंई दित्ती जां जागत सेवा नेंई करदा। तुसेंगी घरे दी चौकीदारी सौंपी आपूं सैर करने गी जन्दे उठी (हसदा ऐ)

बड्ढा :– तूं भी आई गेआ ?

नौजुआन :– आया ते हैं पर तौले गै जाना उठी–दस्सो तुस केह् गलारदे ?

बुड्ढा :– अऊं लोकैं नै...

नौजुआन :– जागतें लाड़िए गी भंडा दे हे– है नां...?

बुड्ढा :– अस अप्पूं भंडोए दे, असैं कुसे गी केह् भंडना ?

नौजुआन :– जां कोई परानी कत्थ छेड़ी दी ही के ?

बुड्ढा :– इयै समझी लै– अऊं आखा दा हा जे इ'नें कत्थें गी जेकर तुस सम्हालो तां इयै साढ़ी बरास्त ऐ।

नौजुआन :– मते भलोके ओ अज्ज कोई बुड्ढें दी दौलत सांभिये राजी नेंई ते एह् कत्थां .....

(हसदा ऐ)

कुस सम्हालनियां– की सोची–सोची मन दुखी करदे ओ–तुस जी बैठे उसी जीन देओ

बुड्ढा :– तेरियां इयै गल्लां मन परून करी जन्दियां न।

नौजुआन :– चलो सुनाओ–अज्ज कुस दी कत्थ सनारदे ओ ?

बुड्ढा :– (झारी दा सूटा लाइयै) औं तुसें गी गासै र उड्डरने आह्‌ले पक्खरुएं बारै दसगा– मैं बी एह् सब अपने बड़कें कोला सुना दा ऐ। तुस इ'नें गी साम्भेओ। नेंई तां इ'नें बी इक दिन लुप्प होई जाना– खिल्लरी जाना ते इ'नें गी कठेरना कठन होई जाह्‌ग–हर पक्खरु दी.....

नौजुआन :– गल्लै इच गल्ल नेंईं पानी–सिद्दी गल्ल सनानी।

बुड्ढा :– तूं बी बिच्च नेंई टोकेआं–अऊं आखा दा हा जे हर पक्खरु दी अपनी क्हानी ऐ।

किश पक्खरु रुहां बनी अज्ज बी गासा र बोलदे न। इक माऊ दी पीड़ इयां बोलदी ऐ "टोटो पुत्रा पूरे–पूरे, त्रै टुप्पे पूरे"। इक होर पक्खरु......

"ओ प्युआं–चल धारा, मारा पाड़ा, अद्ध तेरा अद्ध मेरा"। इक दुआ निक्का हारा पक्खरु ऐ–जेड़ा गलांदा "बड्डै वेल्लै उड्डी ही– चरखै पूनी कत्ती ही, छाही छलूकी दित्ती ही, सोत पसारी दित्ती ही, उड्डनी घसीटां"

(नौ जुआन बोर होने दी एक्टिंग करदा ऐ।)

बींडा नां दा इक जीव आखदा "जौ पक्के, कनक पक्की दराटी लाई– लाई–लाई–लाई। ते बरसांती दै दिनै बोलने आह्‌ला इक पक्खरु आखदा–

"आखे पक्के, मैं नेंई चक्खे, प्योकै जागे, उत्थैं खागे"।

इनें सब्बनें पक्खरुएं दे बोल सुनाने दे पिच्छैं इक लम्मी क्हानी ऐ।

नौजुआन :– (लोकैं पासै शारा करी) इ'नें गी सनाओ– मैं बड़े कम्म न– (जन्दे जन्दे) अऊं फ्ही कुतै सुनी लैंग।

(बाहरे गी जंदा उठी)

बुड्डा :– (झारी दी सूटा लाइयै) इन्हें सारे पक्खरुऐं दी गल्ल कुतै दूऐ मंच पर से'ई–अज्ज औं तुसेंगी इक खास पक्खरु दी कत्थ सनागा– जिसी 'कुल्ल' जां पैहर ध्याड़ा –आखदे न– एह् पक्खरु बरसांती दे दिनें गासै पर ताईं–तुआंई उड्डरदा फिरदा ते गलांदा रौहंदा, "पैहर ध्याड़ा– पैह्‌र ध्याड़ा" उस दी आवाज च मिठास गै नेंई इक पीड़ ऐ दर्द ऐ ते इक बेबसी ऐ (पिच्छों दा गीत गूंजदा ऐ)

"अम्मा मिगी सद्दी भेजेआं,
मैं प्योके गी जाना
मैं प्योके गी जाना, लोको–

मैं प्योके गी जाना।

बुड्डा :– समझ नेंई आबादी जे गल्ल कुत्थूं दा शुरु करां (रुकियै) कुसै सच्च गलादा जे धियां पराया धन होंदियां। राजे महाराजे बी घर नेंई रखी सके। एह् कहानी बी इक कुड़ी दी ऐ जेह्ड़ी ब्योहियै सौह्रै घर जन्दी ते... (रुकियै) नेंई–नेंई गल्ल ते उस कोला बी दूर–पिच्छें दी ऐ। इक्क निक्की हारी कुड़ी अपनै घरै इच होने आली रीतें गी बड़े ध्यान कन्नै परखदी ऐ। दिखदी रौंह्दी ते उसदै कोमल मनै इच बी केई लैहरां जमदियां– मठोंदियां न ते पलदियां न (इक पासे गी शारा करी) ओ दिक्खो हां भला उन्दै के होआदा...?

(बुड्डे उप्परा लो बल्लैं बल्लैं हटी जन्दी ते सारै मंच उपर खिल्लरी जन्दी ऐ। मंच उप्पर इक अधकड़ जनेही जनानी अरबलू ऐ ते घा दी बुहांर लेई उसदी रस्सी गी ठीक करारदी– इक ग्राईं परिवार दे पसार दा दक्ख ऐ– इक पास्सै चुआमां चुल्हा ऐ ते कोल–किश भांडे पेदे न– कन्नै इक्क बलटोऊ बी ऐ– अरबलू अंदरे पास्सै दिक्खियै आला मारियै)

अर्बलू :– संदलो– ए संदलो– अन्दर जाइयै उत्थैं गै थढ़ी गेई ऐं केह् ?

संदलू :– आबानी बोबो आबानी–बा मोन्दरी दराटी गै लब्बै ताँऽऽ (अन्दरा दा गै परता दिन्दी ऐ)

अर्बलू :– बच्चा– दराटी ते जन्दरोटी र पेदी ही।

संदलू :– ओ ते चाचू होर पत्तर छिम्बने गी लेई गेदे।

अर्बलू :– तां– पिछली कोठियै दन्दल ऐ पेदी उऐ लेई आ।

संदलू :– खरा खरा– बिन्द बल्गो लेई औनी आं।

अर्बलू :– (बुहारे गी फंडदे होई) अज्जे कल्ले दे जागत–कुडियां अपनी अकल लांदे गै नेईं। दराटी नेंई तां दंदल सेई ऐ (अपने आप कन्नै गल्लां करदी ऐ)

संदलू :– (लापरवाही कन्नै चलदे दन्दल हत्थै च लेदे प्रवेश करदी ऐ) एह् लैओ बोबो दंदल– उआं गुण–मुन कैंह् हियां करादियां ?

अर्बलू :– तुसैं सौहरै जाई कियां सब सम्हालना–सोटा बी आंदा नीं– जां दुई हांड करनी ?

संदलू :– सोटा! सोटा केह् करना ?मैं कोई मता चिर थोड़ा लाया। (डरियै)

अर्बलू :– (हसदे होई) डरेआं नेंई–जा अन्दरा दा सोटा लेई आ– जिसलै बी औं एह् सब करनी तूंऐं समान आनी दिन्नी ते चेता रखना होन्दा बच्चा (लाड लाई)

संदलू :– पलै–पलै हांडी नीं कराऽ करो– इक्कै बारी समान दस्सी देना (मती लाडली आवाज़ा च–आखियै अन्दरे गी जन्दी उठी ऐ)

अर्बलू :– (अपने आप ने) हून– स्यापा– इन्ना चेता बी नेंई रौंहदा– जे के–के–समान लोड़दा होंदा।

संदलू :– (तौले–तौले औन्दे होई) ए लैओ बोबो सोटा– (ते ओदे कोल गै बैही जन्दी)

अर्बलू :– (हिरखी– झिड़क) के भसकड़ मारी ऐ बही गेईं ऐं भुंआ–बच्चा टल्ले कोई रोज़ थोहड़े धनोंदे– उपरा दा मैलखोरे दी चाकी किन्नी मैंहगी होई दी। (सूंक सुट्टीयै)

साढ़ा जमाना थोह्ड़ा जे सुआही नै टल्ले मंडने ते धोई–खंगाह्ली टकाने, मैल उग्गलै भाएं नेंई–अज्ज..

संदलू :– औं बी सुआही नै धोई लैगी– तुस अग्गैं चलो.... ।

अर्बलू :– बा तोह् लाल कपड़ा ते आंदा गै नेंई! ओह् कुस आनना ?

संदलू :– तुस बी पन्तें आह्ला लेखा किश ना किश समान मंगदे गै रौंहदे– (पैरें गी जोरें भुञा मारदे होई अन्दरे गी जन्दी ऐ)

अर्बलू :– एह् बी ब्याह् होन्दा– सारा समान लोड़दा होन्दा।

संदलू :– (अंदरा दा औंदी– इक हत्थ लाल कपड़ा ते इक हत्थ बिन्ना। बिन्ना भुंञा रक्खियै बौहंदी ऐ) लैओ बोबो लाल कपड़ा–अबा हून मैं नेंईओ उट्ठना– हांडीं कराई–कराई मेरी दुन्द बुहारी दित्ती।

अर्बलू :– खरा भाई– हून जाना होग तां औं आपूँ जाह्गी।

संदलू :– नेंई बोबो– तुसें गी हुट्टन होई जाना– औं जाह्गी न (हिरखै नै) दस्सो कियां कराना तुसै बुहारी दा ब्याह ?

अर्बलू :– हर बारी दिक्खनी ते हर बारी सुआल करनी– बच्चा संदलो– अरबलू गी बी कंदू मते चज्ज–चार औंदे असैं बी अपनी सस्सू कोला सुने दा ते सिक्खे दा ऐ सै कम्म धक्की लैन्ने– उआं सस्सू गी इन्ने सुआल नेंई हे होन्दे।

संदलू :– बा परले घरे आह्ली चाची गलांदी जे तेरी मा बड़ी जनकार ते चज्जल ऐ– बोबो उआं तुसैं अपनी माऊ कोला की नीं सिक्खेआ हा एह् सब किश?

अर्बलू :– अट्ठें बरें दी ही मेरा व्याह होई गेआ हा।

संदलू :– (हैरानगी नै) सच्चैं बोबो ?

अर्बलू :– ते होर के...।

संदलू :– बोबो बुहारें गी ब्यांह्दे की न ?

अर्बलू :– गलांदे बुहारी गी कुआंरे निं रखदे।

संदलू :– (हसदे होई) बोबो तुसैं लग्ग पुछादी नेंई ?

अर्बलू :– हां बच्चा– जिसलै बुहारी दा ब्याह कराना होऐ तां कुतै पंजक नी लोड़दे– ना मस्सेआ दा दिन– नां गै खौह्रा बार– होना लोड़दा।

संदलू :– बार बी खौह्रे ते मलैम होन्दे केह्?(जोरैं हसदी ऐ)

अर्बलू :– हां बच्चा–बार खौरे ते ठण्डे होन्दे न, खौह्रे बार– मंगल, बीर ते तार, इयां गै सोम, बुध, शुक्र ते शनि ठण्डे बार होन्दे।

संदलू :– उआं बोबो थुआड़ी गल्लां सुनी सुनी ते चबात लगदा ऐ– एह् खौरे ठण्डे बारें केह् करदे?

अर्बलू :– जेकर कोई कस्सरी– मांदा होऐ तां उसी कुआलने गी खौह्रे बारैं जन्दे– जे कुसै दे म्हात्तमदारी होदी होऐ तां उन्दे कल्पने गी ठण्डे बारें गै जन्दे, ते इयां गै.......

संदलू :– बोबो–ए बड़े घुम्मन घेरे न– तुस एह् दस्सो जे बुहारी दा ब्याह कदूं कराना होन्दा?

अर्बलू :– (कोल पेदी 6–7 एं बाह्रें गी कोल छिकदी ऐ ते भी दन्दली कन्नै उन्हें गी छांकदी ऐ) तुगी आखेआ निं जे कोह्के कोह्के दिन नेंई होने लोड़दे– आखने दा मतबल ऐ– त्रांगा नेंई होना लोड़चदा–ते नां गै खौह्रा बार।

संदलू :– कारंगा– बोबो ऐ कारंगा केह् होन्दा ?

अर्बलू	:–	कारंगा नेंई त्रांगा।
संदलू	:–	त्रांगा गै सेही– होन्दा केह् ऐ ?
अर्बलू	:–	अज्ज कल्ले दे जागतें गी किश पता निं ऐ त्रांगा ओह् दिन होन्दे जदूं कोई शुभ कम्म नीं करदे– दांद नेंई जुगड़दे– जियां आंस पुन्नेआ, कास्ती– ठौकरां दा बर्त ते होर बी किश दिन हैन।
संदलू	:–	ए सब ढिच्चर की–न ? भुक्ख निं दिखदी सञ भ्याग ते नींदर निं दिखदी कोई बार–तार नां दिन–ध्याड़ा दिखदी– नां गै कोई त्रांगा–शरांगा ?
अर्बलू	:–	चपलां नीं कर, दिखदी जा– जे ब्याह कियां होन्दा बुहारीं दा– हां कन्नै इक्क गल्ल होर कुआरे जागत कुड़ियां बुहार नीं बनदे।
संदलू	:–	भला की ?
अर्बलू	:–	गलांदे उन्दे ब्याह दे संयोग बज्झी जन्दे।
संदलू	:–	औं ब'न्नां केह् बुहार– (बुहार पकड़दी ऐ)
अर्बलू	:–	चल पिच्छें बलैत्तरी कुतै पास्से दी– तेरे संयोग बज्झी गे तां ?
संदलू	:–	बोबो खोलने दा तरीका बी ते होना कोई ?
अर्बलू	:–	ओह् बी है। स्याने गलांदे–जे चोरी–छप्पै जेकर घराटिए दी जूड़ी खोली दित्ती जा तां संजोग जाई खुलदे न।
संदलू	:–	ओह्–बी करी लैगी।
अर्बलू	:–	(लाडली निक्खर) चुप कर म्हास्ती। तांई ध्यान दे।

संदलू :— ब्याह्‌ दै बाद भी केह्‌ करदे बुहारीं गी ?

अर्बलू :— इन्नी तौल कैह्‌दी ऐ—बल्ग ते सेई हां— तुगी सब सनान्नी आँ। बुहारी गी ब्याहियै— अपने घरे दा भेती बनान्ने आं ते गलान्ने जे घरै दा सब किश सम्हालियै रक्खेआं— बाहरे गी नेंई सोतेआं। बुहारीं लक्ष्मी दा रुप मनेआ जंदा।

संदलू :— सच्च ऐ बोबो— अंदर सोतदे—सोतदे मिगी अपना गुआचा दा कांटा बी लब्बी गेआ हा।

अर्बलू :— हां—इयै गलान्ने जे शैल गै सोत बाहेआं। बच्चा ब्याही दी बुहार म्हेशां चंगे कम्में गी लाई जन्दी ऐ।

संदलू :— अस ते इसी छड़ी बुहार गै समझने आँ।

अर्बलू :— ब्याहियै अस इसी अपनै घरै कन्ने रलाई लैन्ने आं। इसदी पूरी इज्जत करने आं। इसी पैर नेंई लान्दे। पाप समझने आं। अस इसी लुआंघदे बी नेंई।

संदलू :— बोबो—एह्‌ ते बड़ी पूजने जोग ऐ— की जे एह्‌ साढ़े घरे दा इक सदस्य ऐ।

अर्बलू :— ठीक आखेआ तो।

संदलू :— बोबो —अस ते सब्बनें गी पूजने आं।

अर्बलू :— ए साढ़ी संस्कृति ऐ—अस बूटें गी पूजने—जले गी पूजने, प्हाड़ें—पत्थरें गी पूजने, नदी—नालें गी—समुन्दर गी पूजने आं।

संदलू :— भला अस की पूजने आं इन्हें गी ?

अर्बलू :— कोई बी चीज़ जिस विजन जीबन अग्गैं नीं बधी सकदा— ओह्‌ पूजने जोग ऐ।

संदलू	:–	तुस सच्चैं गै मतियां स्यानियां ओ बोबो।
अर्बलू	:–	बुहारीं दा मूंह बाहरे गी नेंई रखदे– अन्दरे गी होना लोड़चदा। गलांदे जेकर इसदा मूंह बाहरे गी होऐ तां घरे दी बरगत मुकदी ऐ।
संदलू	:–	इस निक्की जनेही बुहारे दी बड़ी लम्मी क्हानी ऐ।
अर्बलू	:–	होर केह् बुहारी दे जेकर तीले खिल्लरन तां उ'नें गी चुनियै चुल्ली फूकी देना, नेंई तां गलांदे कर्जा होई जन्दा ऐ। (सारी बुहारीं गी किट्ठी करी पासै रखदी ऐ) ब्योह्ने शा पैह्ल्लैं बुहारे गी कप्पना नेंई।
संदलू	:–	बोबो हून ब्याह बी कराओ हां।
अर्बलू	:–	करानी आं करानी आं– तूं बड़ी हुतली ऐं– दिक्खां ब्याह पूरी विधि कन्नै होना लोड़चदा तां गै सब किश ठीक होन्दा।
संदलू	:–	(खुशी नै) दस्सो होर केह्–केह् लोड़दा ?
अर्बलू	:–	सब किश आई गेआ ऐ– चल हुन दस्सनी आं जे बुहारी दा ब्याह् कियां करांदे (दमै जनियां मंच दै मझाटै आई जन्दियां– बुहारां अरबलू नैं चुक्की दियां ते सोटा, दंदल, लाल कपड़ा संदलू नै) एह् थम्म हैनी– इस दै अग्गै'पिच्छैं फिरियै– फेरे कराने न– इस थम्में गी साक्षी मन्नियै।
संदलू	:–	बोबो, इनें गी पकड़ने दा कोई खास तरीका होन्दा जां पकड़ेआ ते छड़ियां घरमट्टनियां कराई दित्तियां ?
अर्बलू	:–	तोह् बलगोंदा नीं ऐ–।
संदलू	:–	बोबो मिगी बड़ा मज़ा आबादा ऐ।

अर्बलू :– ए दिक्ख इयां पकड़ना (इक्क हत्थै नै सोटा ते बुहार पकड़ियै दसदी ऐ– बुहारी दा रस्सी ब'न्ने दा पास्सा भुंजा रक्खियै ते लाल कपड़ा बुहारी उपर रखदी ऐ–दुए हत्थैं नै दंदल पकड़ियै सब किश पकड़दी ऐ) लग्गा नीं पता जे कियां पकड़ना।

संदलू :– बाकी सब ते ठीक ऐ–बुहांर उच्ची लम्मी ते सोटा निक्का जेकर बुहांर ब्याह् करने शा मुक्करी जा तां ?

अर्बलू :– (भावुक) अज्ज तगर कुड़ियां कदैं नां करी सकियां ब्याह् गी ? अगड़ा–अगड़ा तां पता निं केह् होना ऐ ?

संदलू :– नां बोबो नां–ए जोड़ी निं ऐ।

(संदलू ताड़ियां मारियै गान्दी ऐ– पिच्छों दा ढोलकी वजदी ऐ– बोबो गी छकांदे होई) बोबो एह् ते गल्त गल्ल ऐ।

एह् निक्का नेहा मराह्ज अम्मा मैं नेंई लैना
एह् निक्का नेहा मराह्ज अम्मां मैं नेंई लैना।

मेरै कन्ने चलदा–बिन्द निं सोभदा,
मने गी मेरे सुइआं चोभदा,
अज्ज उच्चे लम्मे दा रवाज–अम्मा मैं नेंई लैना।

एह् निक्का जेहा मराह्ज अम्मा मैं नेंई लैना
जे मेरा इसनै करागी तू ब्याह होई जाना मेरा जीवन तबाह, ताह्न्ने मारग तुगी समाज– अम्मां मैं नेंई लैना।

एह् निक्का जेहा मराह्ज़– अम्मां मैं नेंई लैना।
(संदलू माऊ दै गलै लग्गी जन्दी– मा उसी लाड़

लांदी ऐं)

अर्बलू :— हल्लडिए तूं ते बड़ी त्रिक्खी होई गेदी ऐं।

संदलू :— बोबो सोटा ते कोई बड्डा आनना हा— बचारी बुहार बी केह् सोचदी होग जे इ'नें गी इयै सोटा जुड़ेआ।

अर्बलू :— (भावुक) कुड़ियें गी तां गै गौ आखदे न— जिसदै लड़ लाया जित्त पासै खिद्देआ गेइयां उठी। (रुकियै) मुंह नीं खोलना— अपने भागैं दै स्हारै जी लैन्दियां।

संदलू :— बा बोबो जेह्ड़ा बोलदा नेंई ओदी सारतां बी कदैं बुज्झियां निं ?

अर्बलू :— असैं बी इयां गै उमर भोगी उड़ी तुसैं बी भोगी लैनी।

संदलू :— बड़ी हांडी तां गै जोड़ियां नेंई बनदियां – कुतै कुड़ी शैल सनाह्कड़ी ते जागत काला मुंढू—फिरी गलांदे चन्नै गी ग्रैहन लग्गी दा।

अर्बलू :— संजोगे दी गल्ल ऐ। (रुकियै) लै चल इन्दा ब्याह करान्ने आं हून—तूं बन थम्म—ते औं करानियां फेरे।

संदलू :— (अम्मा दै सामनै खड़ोइयै) एह् लै बोबो औं बनी थम्म—ते तूं बनी जा पन्त। (हसदी ऐ)

अर्बलू :— (अरबलू... बुहारं सोटा ते दंदल पकड़ियै थम्मे दै अग्गैं पिच्छें फेरिये अपनै अग्गै भुंञा छुहोंदी ऐ इक ठक करदी) इक, फ्ही दुई बारी बी इयां गै करदी ऐ) दो.....

संदलू :— बोबो ए भुंञा ठोहरा की करनी ?

अर्बलू :— किश गल्लां नेहियां होन्दियां जेह्ड़ियां जे दिक्खो करी जाओ— उआं सोचनी खबरै फेरें दी गिनती करने लेई

करदे होने–(चार फेरे पूरे होन्दे न)

संदलू :– इक बुहार ब्योही गेई– ते हून।

अर्बलू :– इयां गै दुइयां बी ब्याही लैनियां।

संदलू :– (मज़ाक लैन्दे होई) ते मराह्ज कुन होना इस बारी ?

अर्बलू :– बाकी सब सम्यान उऐ होना।

संदलू :– ए सब गल्त ऐ।

अर्बलू :– केई हांडी आंडियें–गुआंडियें दियां बुहारां बी ब्याही दिन्दे ते इक्कै हांडी दौं चार बी किट्ठे ब्याही छोड़दे।

संदलू :– मतलब इत्थैं बी लस्हाट्टने आली गल्ल ऐ– जियां कुड़िएं गी ब्याहीयै भारमा तोआरना होऐ– की बोबो ?

अर्बलू :– एह् के आखानी ?(लाड्डे नै उसदे सिर हत्थ फेरदी ते गलै नै लांदी ऐ)

संदलू :– छोड़ परैं बोबो– दस्सो अग्गैं केह् करना? (भावुक होइयै)

अर्बलू :– बस हून केह् करना बुहांरे गी अपनै घरे कन्नै जोड़ी लैना। इक दौं फंडाका जरुर देई लैना (भुंञ सोतदी ऐ) (पिछों दा गीत गूंजदा ऐ)

सम्हाल साढ़े घरे दी हुन तुऐं रक्खनी।
चूक साढ़े घरे दी नीं रवै सक्खनी।
चमचम करदा घर रवै सदा साढ़ा।
सबनी शा बड्डी तूं चीज़ सलक्खनी।

अर्बलू :– इयां बुहारीं दा ब्याह सम्पन्न होआ (बिन्द चुप होई जन्दी)

संदलू :– बोबो के होआ ?

अर्बलू :– (भावुक) रुम्बलो दा चेता आई गेआ– जिसलै बी मैं बुहारीं दा ब्याह करना तां उस मेरै कोल खड़ोई रौह्‌ना– नजीह्‌ लाइयै दिक्खना (लम्मा साह) कोई चौं बरे दी होनी– गलांदी बोबो तोह्‌ मेरा व्याह कदूं कराना। (रोआंखी आवाज़) मोई बड़ी भोली ही।

संदलू :– बोबो तुकी चेता बी छड़ा ओह्‌दा गै औन्दा–साढ़ा चेता कदैं नीं औंदा।

अर्बलू :– जंदू तूं सौह्‌रे जाह्‌गी तां तेरा बी औना

संदलू :– (संदलू शर्माइयै माऊ नै पलमोई जन्दी) रुंबलो चौं बरे दी ब्याह्‌ दी रीणी लांदी ही ?

अर्बलू :– बच्चा चाऽ–चुलासियां निक्की हारी उमरी च गै जागदियां (साह्‌ लेई) जंदू तगर कोई समझने जोग नेईं होई, गलांदी गै रेही–बोबो तूं मेरा ब्याह की नीं करांदी।

संदलू :– (गल्ल परतदे होई) घा दे तीले नै बी किन्ना मोह ऐ। अपनी धिये दे चेते जुड़े दे। है नीं बोबो–।

अर्बलू :– (भावुक) ते फी जंदू रुम्बलो दा ब्याह होआ जिसलै पजेकी गेई, ओह्‌ इन्नी रोई– इन्नी रोई जे मनुक्ख ते मनुक्ख डंगर–बच्छू , बूटे–पत्तर बी उस कन्नै रोई पे हे। ओह्‌ उत्थें फाके रेही चार दिन ते असें इत्थैं रुट्टी नेई खनोई, अपना कालजा कड्डियै दित्ता हा (रोई पौंदी ऐ)

संदलू :– (बोबो दे अत्थरु पूंजदी ऐ) मिगी टोरगी तां केह्‌ करगी दुआ कालजा है?(हसदी ऐ)

अर्बलू :– तां ते अपने प्राण गै कढ़गी।

संदलू :– (इक चीख जन) बोबो–ऽऽ–ऽऽ– (संदलू माऊ गी गलै ने लाई लैन्दी)

(लो बल्लैं–बल्लैं घट्ट होन्दे होन्दे भलेआं मुकी जन्दी ऐ।

सीन–2

(लोई दा इक लौह्का घेरा बुड्ढे पर पौन्दा ऐ बुड्ढे दै हत्थै च दम्मी ऐ)
(इक खास चाल्ली दी निक्की झारी ऐ)

बुड्ढा :– कुत्थैं तीलें त्रिम्बें नै बी प्यार करदे हे ते कुत्थैं मनुक्खें कन्नै बी प्यार मुक्की गेआ–गल्ल होआरदी ही बुहारे दे ब्याह दी– जिसी दिक्खी कोमल रुम्बलू दे मनै च कोमल भाव जागदे न, की जे ओह् सब किसे शा अनजान ऐ दुनियादारी कोला बी...

नौजुआन :– (इक पासे दा दौड़ी ऐ औंदा ते बुड्डे कोल गोल लोई च खडोई जन्दा लोई दा घेरा बधी जन्दा) ओ चाचू अंदू दा तूं इत्थैं गै खडोता दा, तेरा बडा स्टैमना ऐ।

बुड्ढा :– ते तूं–तूं कूत्थुआं होई आया ?

नौजुआन :– मैं इस दौरान बड़े किले फतैह कित्ते–––

बुड्ढा :– चन्ने गी छूई आया के ?

नौजुआन :– औं केईं चन्द्रमें शा होई आया, केईं तारे अपनी छात्ती लादे।

बुड्ढा :– ते हून... हून के करगा ?

नौजुआन :– चाचू हून इक, हून इक भुक्ख ऐ मेरै अग्गैं पिच्छें नोट होन। नोटें दी कमी नेईं होऐ

बुड्ढा :– तां नोटां दा छापाखाना लाग्गा ?

नौजुआन :– (जोरै हसदा ऐ) छापा खाना लाने दी के लोड़ ऐ होर मते तरीके न– चाचू जी सुनो.... मेरी गल्ल ध्यान लाइयै।

बुड्ढा :– ब अऊं अपनी कहानी लोकें गी सनारदा हा तूं ?

नौजुआन :– मिगी पता ऐ तेरी कहानी म्हेशां लम्मी होन्दी।

बुड्ढा :– लम्मी गै सेई तुगी कदें बी सुनने दी फुर्सत नेईं लग्गी। तूं अपनी गै कहानी सुनांदा रेहा।

नौजुआन :– खाने दी बैह्‌ल नेईं ऐ ते तूं कहानी दी गल्ल कराना।

बुड्ढा :– खाना नेईं, कमाना की ऐ तां ?छड़ा बैंक भरना।

नौजुआन :– ते फी दिक्खी–दिक्खी ऐ खुश होना।

बुड्ढा :– खाने आह्‌ला कोई इक होर जम्मना।

नौजुआन :– चाचू दिक्ख ते फ्ही सुन, मैं बाह्‌र जाना ऐ पैसे कमाने गी। 4 लक्ख तन्खाह् मेरी होई दी– 4 लक्ख रपे महीना ते साले दा 48 लक्ख रपे दा पैकेज ऐ।

बुड्ढा :– बा तूं ते माऊ बब्बे दी इक्कै–इक्क लोआद ऐं। बुड्ढी बुड्ढा के करंगन ?

नौजुआन :– ओ ते जी बैठे दे न– असैं अजें जीना ऐ मसां जिन्दगी दी गड्डी दौड़न लगी दी ऐ मैं ते जाना गै जाना ऐ।

बुड्ढा :– बा उन्दा बी ते तूं गै स्हारा ऐं।

नौजुआन :– (हसदा ऐ) पीन भंङा सौन बागैं घरे आह्‌ले जीन अपने भागैं (लोई दे घेरे चा निकलियै चली जन्दा आखदा–आखदा) तूं सुना लोकें गी कत्थां–भज्जियां त्रुट्टियां, फ्ही औगा। (आवाज गूंजदी घट्ट होन्दे–होन्दे फेड आउट होई जन्दी ऐ)

नौजुआन :– (दम्मी दा सूटा लांदा ऐ ते मंदा जेहा मुंह बनांदा ऐ) ओह्‌दी गल्लैं च तम्बाकू फकोई गेआ ते कोला हिस्सली

गेआ– (अपनी बास्काटै दे खीसै च पान्दे होई) दम्मी गी खीसै च रक्खी लैन्ने आं (लोकें कन्नै गल्ल करदे होई) कत्थ बिच्चा दा टोकी छोड़ो तां सुर–सुआद मुकी जन्दा–तुसैं दिक्खेआ नीं जे कुत्थैं लोक तीलें–त्रिम्बैं कन्नै प्यार करदे हे ते मनुक्खें कन्नै बी प्यार मुक्की गेआ। बुहारीं दे ब्याह दे कन्नै, रुम्बलू दे ब्याह दियां गल्लां बी होआदियां हियां– चलो रुम्बलू दे सौहरे चलचै ते दिखचै सस्सू नूंह दे हिरख दी तस्वीर (लो बुड्डै उप्परा दा घटदी जन्दी ऐ मंच उप्पर खिल्लरी जन्दी ऐ जित्थैं रुम्बलू गो'आ फेरा दी ऐ ते बड़े शैल मुहारे पारदी ऐ इक पास्से दा सस्सू दा औना।)

(सस्स बाहरा दा औंदी)

अम्मा :– (अपने आप नै) मुहारे ते बड़े शैल पारदी बा (आप मुहारैं) इसी सराहेआ तां इस सिर चढ़ी जाना। लाड़ी तेरी माऊ तुगी गो'आ फेरना बी नेईं दस्से दा ?एह् मुआरे पाए न जां जम्मने आले दियां नुहारां बनाइयां न?

रुम्बलू :– अम्मां जी मैं ते... अपने थमां शैल...

अम्मा :– हे राम ! कैसी लाड़ी ऐ अगुआं पड़त्होए ठोकदी। तैरे प्योकै होना एह् रवाज बा साढ़े इत्थैं निं ऐ– गल्ल गंढी बन्नी लै।

रुम्बलू :– भाखां थोडी देआरदी ही औं ते आक्खन लगी ही जे...

सस्स :– (गल्ल टोकी ऐ) औं आपूं फेरी लैं। तुगी इयै जनेहा गै औंदा, कैसा कल जुग ऐ।

रुम्बलू :– मैं एह् कुत्थें आक्खेआ छड़ा इयै आक्खेआ जे...।

सस्स :– मतियां गल्लां कितियां तां उच्चै नै जीब खिच्ची टकाऊड़गी। बड्डी आई निचज्जी कुतै पास्सै दी।

रुम्बलू :– अम्मा जी मैं आक्खेआ के ऐ?

सस्स :– अजैं कोई कस्सर ऐ के? होर आखी लै जे किछ आखना– इस उमरी च हुन सब किश सुनना–केह् करना– थुआड़े गोचरी जे हैं।

रुम्बलू :– मेरी गल्ल ते सुनो हां अम्मा जीं...

सस्स :– नेईं नेईं हून नेईं सुननी कोई गल्ल–राम–राम राम– साढ़े पल्लै इयै पौनी ही– अक्ल ना शक्ल, मुंह नां मत्था–छड़ियां चपलां अस खरे हे दमैं मा–पुत्र बा भागें दियां खेड्डां न।

रुम्बलू :– अम्मा जी हुन औं जां– अजैं सारे कम्म पेदे न।

सस्स :– ओ–हो–हो, अच्छा ऽऽ, तूं एह आखना चाह्न्नी जे सारे कम्म तूं गै करनी ऐ– अंऊ छडी बेह्ल्ली बैठी दी पिंड पाड़नी ऐ।

रुम्बलू :– अपने लाने जियां मर्जी लाई लैओ मैं ते किश निं गलाया, छड़ा इय्यै आक्खेआ जे सारे कम्म पेदे न ते (बालटी च पानियां नै हत्थ धोन्दी ऐ)

सस्स :– कम्मे दी इन्नी गै चिन्ता होन्दी तां बड्डलै सबेला उठदी। माल बच्छे दा कम्म न्हेरखड़ै गै मुकाई छुड़दी।

रुम्बलू :– बड्डलै चौं अन्दरैं गोआ फेरेआ चुल्ल संढी। पट्टे परोले दित्ते ते.....

सस्स :– हन तुं कम्म, गिनी गिनी ऐ लगी ऐ मिकी सनान।

रुम्बलू :– कैसी फाही ऐ नां तत्तियै राम ऐ ना ठण्डियै, ओह्.... ।

सस्स :– (रुआंखी) असैं सोचेआ हा जे नूंह औग तां सौख होई जाग । सौख कोदी माऊ दी असें ते होर टंडाली पेई गेई । इन्नी झग्ग बगाने छा तां खरा होन्दा जे अस अपना कम्म अप्पूं गै करी लैचे ।

रुम्बलू :– जंदू दी आदी मैं तुसैं गी कोई कम्म नेईं करन दित्ता तुस भी बी... ।

सस्स :– मतलब सब किश तूं करना ऐ । सिद्धी आख जे असैं तुगी नौकर बनाइयै रक्खेदा, अस मा–पुत्तर किश निं करदे–हून तूं साढ़ीं भंडी करनी ?

रुम्बलू :– माऊ पुत्रे दी गल्ल थोड़ी ऐ गल्ल ते... ।

सस्स :– गल्ल ते नूंह–पूत्रे दी होई जन्दी ब्याह दे बाद... ।

रुम्बलू :– अम्मा जी तुस कनेइयां गल्लां करदियां...?

सस्स :– गल्ल ते छड़ी तेरी ऐ (गुस्सै च) चुल्ला चौका, चु'ल्ल–चल्हैला, गोआ–गूं'त्तर, माल–बच्छा, खुम्बा–खेत्तर–सब किश तूं करनी–इयै आखानी ऐं तूं–तां आख ।

रुम्बलू :– औं एह् निं आखनी–अम्मा जी (प्यार कन्नै)

सस्स :– तेरे औने शा पैहल्लें बी घरे दे सारे कम्म होन्दे हे नी–– जां तूं आइयै करी दिन्दी ही ?

रुम्बलू :– एह् ते घर ऐ अम्मा जी– पैहलें थुआड़ा ते फ्ही मेरा । घरै च सब्भै कम्म करन तां गै चलदा । कम्म दस्सना– बी ते इक कम्म ऐ उआं बी नूंह आई जा तां सस्सू कम्म की करना ।

सस्स :– नां कम्म छडी तूं गै करनी ऐ बाकी होर कोई निं करदा– हूं (तौले चलदे होई इक पास्से गी जन्दी उठी–गुस्सै च)

रुम्बलू :– (सस्सू गी रोकने लेई गैं पुटदी ते आला मारदी) अम्मा जी गल्ल सुनो रुको ते सेही हां (रुम्बलो मंच दै इक पास्सै खड़ोइयै किश सोचदी ते फी दुआस होई जन्दी ऐ) ओह्–हो, सच्च गै गलांदे हे जे...

(पिच्छो दा जनानिएं दे गाने दी आवाज ऐ कन्नै ढोलकी बजदी ऐ)

''सस्स बडी लड़ाकी ऐ–मैं सौह्रे नेईं जाना.....
सस्स तान्ने दिन्दी ऐ–मैं सौह्रे नेईं जाना.....
सस्स जिंद्दां कढदी ऐ–मैं सौह्रे नेईं जाना.....
सस्स गालीं दिन्दी ऐ–मैं सौह्रे नेईं जाना.....
सस्स बडी नसिंदी ऐ–मैं सौह्रे नेईं जाना .....
सस्स बडी गै रोहड़ी ऐ– मैं सौह्रे नेईं जाना.....
सस्स हिरख नीं लांदी ऐ– मैं सौह्रे नेईं जाना.....
सस्स कम्म करांदी ऐ– मैं सौह्रे नेईं जाना.....
सस्स पानी ढोआंदी ऐ– मैं सौह्रे नेईं जाना.....
सस्स जीन नीं दिन्दी ऐ– मैं सौह्रे नेईं जाना.....

(गीत मुकदा ऐ–जनानिएं दी जौरें हस्सने दियां आवाजां औंदियां – ते फिरी सब खामोश)

रुम्बलू :– सस्स सब्द गै माड़ा केह् ?जां औह्दा नां माड़ा ऐ। मेरी अम्मां बी इयै जनेही सस्स होग–औं बी इयै जनेही सस्स बनगी। छोड़ मना ऐह् सुआल जिन्दा परता तुगी पता नेईं– ''दड़ बट्ट जमाना कट्ट–खरे दिन औंगन गै'' (इक लम्मा साह् लेइयै) चलो इ'नें गी खुम्बै जाइयै रुट्टी देई

औन्नी आं। (मंच दे कौने पेदा इक लोटा चुकदी ऐ ते कन्नै शाब्बडियै पेदे ढोडे लैन्दी ऐ – लो बल्लैं बल्लैं घट्ट होन्दी–होन्दी मुकी जन्दी ऐ)

सीन–3

(मंच'र लो बल्लें–बल्लें खिल्लरदी ऐ।)

रुम्बलू दे सौह्‌रे घर दा द्रिश्य ऐ रुम्बलुं हत्थै च निका हारा शीशू लेई बिन्दी लारदी– नुहारा उप्परा खुशी बंदोआरदी ऐ)

रुम्बलू :– (इक्कले गै गल्लां करारदी) अज्ज ते तेरा गै राज ऐ रुम्बलू–की जे अम्मा होर ते नन्दरोड़े दा भत्त खाने गी गेदियां–(खुश होइयै) बिन्द सोत फंडूका देई अग्ग बालने आं ते रज्जियै तप्पने आं (इक पास्से दा बुहार लेई सोत फण्ड करदी ऐ, ते इक पास्से बुहार रखदी ऐ) अज्ज ते अस खुल्ली अग्ग तप्पी सकने आं– जंदू दा ब्याह होदा असें स्यालै अग्ग बी नेईं तप्पी रज्जियै। चलो पैहलें बेह्‌ड़े अग्ग बालने (मंच दे अगलै पासै जाइयै) एह्‌ इत्थैं ठीक ऐ, दौं चार लकड़ियां रक्खने आं–पसारै बी किश लकड़ियां रक्खनेआं ते अन्दर बी–चुल्ल बी बाली लैन्ने आं–हून ठीक ऐ–चुल्ली दा किश दीनियां लेइयै सारै अग्ग बालने आं (सारै जाई अग्ग बालदी ऐ जे फी दिक्खी–दिक्खियै खुश होन्दी ऐ जोरें गड़ाका मारदी ऐ) हस्सना जियां आखो बिस्सरी गेदा होऐ ते कुसे पराने मिट्ठे चेते आह्‌ला लेखा चानचक्क गै आई गेआ–सच्चें गै हस्से दे जमाना होई दा (साह्‌ लेई) जियां कोई प्हाडी नदी पत्थरै ने टकराई खेड्डां खेडदी, रौला पान्दे चलदी ऐ ते मदानै च पुजदे सार गै चुपचाप सील बनी ऐ दौड़दी जन्दी। छोड़ मना सोचां, अग्ग तप्पी लैन्ने आं।

(कदें अन्दर तपदी ऐ कदें बाहर–कदै इक थाहर ते कदें दुऐ)

सस्स गेईं नं दरोड़–
तपस जिन्दे तपस–

अन्दर तपसां बाहर तपसां–तपस जिन्दे तपस (अन्दरै बाहरैं भांवरी जन फिरदी ऐ ते कन्नै आखदी जन्दी)

तपस जिन्दे तपस–अन्दर तपसां बाहर तपसां तपस जिन्दे तपस–सस्स गेई नन्दरोड–

त्पस जिन्दे तपस (फिर जोरैं हसदी ऐ)

सौरे प्योके च फर्क ते होन्दा गै– उत्थैं असें गी देवी आह्ला लेखा पूजदे हे– ते अम्मा असें बी देवी सांई लबदी ही– शड़ा हिरख गै डुलदा हा उसदी गल्लैं चा– ओह्दा हत्थ जिसलै लाड्डै कन्नै सिरै उप्पर फिरदा तां सब दुख दर्द दूर होई जन्दे–(रूकी ऐ) इत्थैं सस्सू दिआं घरैक्खियां–झिड़कां–ताह्ने मीह्ने–तोह् ए नेईं कित्ता– ओ नीं किता– शड़ी नुक्ताचीनी–अपूं किश करना नीं ते दुए गी बसांऽ बी नेईं करन देना– (ठण्डा साह् लेई ऐ) अज्ज इयां सेई होआदा जे कुतै शमानै'र उड्डरानी ऐं– ठण्डी हवा, खुल्ली हवा– अज्ज पक्खरुं पिंजरैं दै बाहर न (सूंक सुट्टी ऐ) ए ते औं बी जाननी जे ए सब–किश चिर गै– फिरी सब किश पतरीयै उयां गै होई जाना– पक्खरू पिंजरे च कैद होई जाने न।

(इक पास्से दा तल्होफू औंदा ते सारे मसाह्रे बलदे दिक्खी ऐ घाबरी जंदा ऐ)

तल्होफू :– रुम्बलो ओ रुम्बलो – ए सारै मसाह्रे की बाली टकादे न–कुतै सलगी नीं, तां सब लैंका होई जानी।

रुम्बलू	:–	अम्मा होर आई गेइयां?बड़े तौले आई गे (घाबरियै)
तल्होफू	:–	(हसदे होई) डरेआं नेईं अम्मां नै कल्ल औना, औं तेरी रोहली करी आई गेआ।
रुम्बलू	:–	(हसदे होई) अच्छा जी!
तल्होफू	:–	ते होर केह् बा सारे भांवड की बाले दे न?स्हाल इनें गी?
रुम्बलो	:–	सस्स गेई नन्दरोड–''तपस जिन्दे तपस–अन्दर तपसां बाहर तपसां–तपस जिन्दे तपस। (जोरैं गड़ाका मारदी)
तल्होफू	:–	(उसदै कोल जाइयै हिरखै नै) मोइये तुकी अम्मां अग्ग बी नेईं तप्पना दिन्दी ?
रुम्बलो	:–	(डरदे–डरदे) गल्ल ते सच्च ऐ। अग्ग तप्पने दी उआं बैहल बी नेईं लगदी ऐ।
तल्होफू	:–	बड़ी डरनी तूं अम्मां कोला।
रुम्बलो	:–	सस्सू कोला डर ते लगदा गै–उआं तुस बी ते बड़ा गै डरदे ओ उन्दे कोला।
तल्होफू	:–	माऊ–बब्बै कोला डरना कोई माड़ी गल्ल थोड़ी ऐ। उन्दी इज्जत करना साढ़ा फर्ज ऐ।
रुम्बलो	:–	बा एह् कदेआ डर होआ–जे कल जागत जौरें–जौरें रोआदा हा–ते तुसैं चुक्केआ गै निं।
रुम्बलू	:–	भाइया होर सामने हे अंऊं किया चुकदा उसगी?
रुम्बलू	:–	की, इस च के ऐ ?
तल्होफू	:–	कदेइयां गल्लां करनी शर्म नेईं औंदी अपने माऊ बब्बै सामने अपने जागते गी चुक्कनै च, तूं बी गल्ल समझा

कर।

रुम्बलो :– तुस बी अड़ेओ–इस च के शर्म ऐ ?

तल्होफू :– नेईं इक गल्ल सनां हां–तूं अपने प्योकै जाइयै–अपने अम्मां–भाइयै सामनै मेरै कन्नै की नीं बोलदी ? सनांऽ सनां–ऽ

रुम्बलो :– (शर्मांदे होई) शर्म नेईं औंदी– भाईया अम्मा सामनै कियां बोलना– ओ के सोचन भला कैसे आदमी ओ तुस?

तल्होफू :– बस्स इयै गल्ल ऐ– औं बी अपनी अम्मा ते बापू सामनै तेरै कन्नै मता नीं बोलदा ते नां गै अपने जागते गी मूढ़े चुकदा।

रुम्बलो :– अड़ेओ जागतें गी ते चुक्कना गै लोड़चदा।

तल्होफू :– गल्ल सुन– पहलैं पहलैं ते लाड़ी बी मराजै कोला झुण्ड कड्डुदी ही– सस्सु शा झुण्ड कड्डुदी– ते बड्डी भरजाई अपने भाऊ होरें शा।

रुम्बलो :– भऊ हारें शा?

तल्होफू :– भाऊ देरे गी गलांदे हे।

रुम्बलो :– थुआड़ियां गल्लां तुस गै जानो।

तल्होफू :– ते तेरियां गल्लां कुन्न जानै (हसदा ऐ) अच्छा औं खुम्बै दा चक्र लाई औना– तूं रातीं दी रुट्टी पानी दी सोच।

रुम्बलो :– (हसदे होई) तुस ते नंदरोड़े दा भत्त खाइयै आदे– हून दौं चार दिन रुट्टी थोह्ड़ा खानी तुसैं– मुंहे दा सुआद थोह्ड़ा मुआना।

तल्होफू :– खरा भाई नेईं खागा – बा तूं इ'नें भांबड़े गी साह्ल– कुतै होर नीं किश बनाएआं – ते घर लैंका होई जा।

रुम्बलो :– अस कोई हनुमान थोह्डा आं?

तल्होफू :– बा ए लच्छन हनुमाने कोला घट नीं ऐन। अच्छा औं चक्र लाई औना कुतै खड़कन्नू कनक नीं खाई जान। (बाहर गी जन्दा उठी ऐ)

रुम्बलो :– बा तौले आएओ। सस्स गेई नंदरोड़– तपस जिन्दे तपस– अन्दर तपंसा बाहर तपसां बाहर तपसां– तपसां जिन्दे तपसां– (अपने आपनै) केह् पता अम्मा बड्डलै सबेला आई जान– अग्ग स्हाल।

रुम्बलो :– जिन्दे स्हाल जिन्दे स्हाल–अन्दर स्हाल बाहर स्हाल–

(भांडे कन्नै पानी लेइयै सारे त्रौंकदी ऐ) सारै स्हाल जिन्दे स्हाल सारै स्हाल सारै।

(बोलदी रौहन्दी ऐ ते)

तल्होफू :– स्हाली नेईं

रुम्बलो :– अजें खुम्बें गे निं ?

तल्होफू :– महां अग्ग स्हालने च तेरी मदद करी जन्दा।

रुम्बलो :– अम्मा हुन्दा चेता औंदे सार गै सारी अग्ग हिस्सली गेई महाराज। मेरे आह्ला लेखा डरौकल ऐ अग्ग बी।

तल्होफू :– इस घरे गी बी अपना घर समझना तां गल्ल बनदी।

रुम्बलो :– (प्यार नै) बा एह् घर बी ते मिगी अपना समझै, इ'नें बरगें चा, थम्म थम्होलुएं चा कंधैं चा–गन्धें गन्ढाहरें चा बी मिगी अपने पन दी बाशना नेई औंदी।

तल्होफू :– उयै बाशाना तोह् कदैं इत्थैं तुप्पने दी कोशट कित्ती ? नेईं कित्ती न ?

रुम्बलो :– औं ते सोचनी जे बड़ी कोश्ट कित्ती बा, सस्सू दा त्राह् मनै चा कदैं गेआ नेईं।

तल्होफू :– मैं आखेआ एह् त्राह मनै चा कड्डो ते मेरी अम्मा गी अपनी अम्मां समझो।

रुम्बलो :– समझनी ते सब आं–पर–ओ मेरी अम्मा घट्ट न, थुआडी अम्मा बद्द न–मेरी सस्स बद्ध न (रुक्कियै) जंदू उनैं मिगी अपनी धी समझना शुरु किता–मैं अपने आप उन्दी धीऽ बनी जाना।

तल्होफू :– (बिन्द गुस्से नै) ओह् केह् करन ? तैरे पैर बन्दन, हथ जोड़न–तेरै कोला डरियै रौहन–तूं–तूं चाहन्नी केह् ऐं ?

रुम्बलो :– छोड़ो परैं, आई गेआ नीं रोह्। एह् कुडिएं दा नसीब ऐ– पलनियां–मठोनियां कुतै हारे, भेजनियां कुतै होर। जम्मन आह्लैं दे घर ओह् परौह्नियां ते अगले घर बगानी धीऽ। बस इय्यै गल्लां उसी कुतै अपने पैर पक्के नीं करन दिंदियां।

तल्होफू :– (मनांदे होई) रुम्बलो मिगी सेई होन्दा तूं रोंहें होईं गेई–औं ते छड़ा इन्ना आखा दा हा जे...।

रुम्बलो :– अपनी मां, अपनी मां होन्दी।

तल्होफू :– (प्यार नै) जदू मराह्जे दी मां–अपनी मां होई जानी तां ए सब झगड़े मुक्की जाने–बस निक्की जनेहा हेर फेर ऐ–समझा औने दी देर ऐ।

रुम्बलो :– जुआइये गी सौह्रे घर पूजदे न–नूंहे गी सौह्रे पूजदे की

नीं हैन भला?

तल्होफू :– तूं सोच एह् सब–औं खुम्बै चलेआ (जन्दा उठी ऐ)

रुम्बलो :– तां गै प्योका चेता औंदा ऐ। तां गै उत्थें जाने गी मन करदा ऐ। हर बेल्लै इयां सेई होन्दा जियां कोई बलगदा ऐ (मंच दै इक कोनै अग्गैं जाइयै) उत्थैं बी अंदू तगर जंदू तगर मां जींदी ऐ, ओह् सददी–सम्हालदी–उसदै परैन्त–कुसे गी साढ़ी मेद नेईं–कोई चेता नेईं करदा।

(पिच्छों दा गीत गूजदा ऐ)

''अम्मा मिगी सद्दी भेजेआं–मैं प्योके गी जाना।
मैं प्योके गी जाना लोको–मैं प्योके गी जाना ।
दिन–तिहार जे औंदा कोई, अम्मा रस्ते दिक्खैं।
शैल पदार्थ रिन्नी–पकाई जाई रखदी शिक्कै।

(लोऽ बल्लैं बल्लैं मुकदी–मंच पर न्हेरा होई जन्दा)

सीन–4

(मंच पर लोई दा इक दायरा बनदा ऐ जिस च बुड्ढा खड़ोता दा ऐ उसदै हत्थ च दम्मी ऐ ते ओह सूटे लारदा।)

बुड्ढा :– एह् हा उस घरे दा दृश्य जित्थें रुम्बलो ब्याही दित्ती ऐ। दिक्खेआ तुसैं किन्ना डरदे न अपने माऊ बब्बे कोला–किन्नी इज्जत करदे न। अज्ज बुड्ढे गी लुटदे–ते दे लत्ते दी। चलो छोड़ो इस गल्ले गी आओ अस गल्ल करचै उस रुम्बलो दी जेह्डी निक्की हारी अमरी च गै ब्याह दी रीणी लाइयै बैठी दी ही। सौहरे घर जाइयै जिसलै प्योके दा सनेहा औंदा, प्योके दा चेता, तां मन करदा पक्खरु बनी जा ते झट्ट गै डुआरी मारियै पलै च प्योकै जाई पुज्जै ते अम्मा कन्नै घोडियै गलैं लग्गियै त्रिप्फनियें रोई पवै, ओह् अत्थरुं जेह्ड़े माऊ लेई गै बचाई रक्खे दे हे। दुआ कोई इन्दा अर्थ बी नेईं जानी सकदा, उसलै कोई माऊ कोल जाने गी रोकै तां कालजै तीर जन तढ़दा ते साढ़ी रुम्बलो बचारी...।

(इक पास्से दा नौजुआन दौड़दे–दौड़दे औंदा ते बुड्ढे कोल जाई खड़ोई जन्दा)

नौजुआन :– अजें कहानी मुक्की नेईं?कुसे गी समझा बी आबादी जां नेईं। उआं कोई सुना दा बी है जां नेईं। भाई मैं ते...।

बुड्ढा :– मैं सनांदे गै रौह्ना म्हेशां–कोई सुनै, नेईं सुनै–समझै नेईं समझै। तूं सुनांऽ तेरा...

नौजुआन :– औं बड़ा खुश ऐं। मेरा बैंक वैलेंस समाने गी छुआदा। लाड़ी बी कमांदी। दमैं बाहरलै मुल्ख होने...।

बुड्डा	:–	अपने मुल्ख केदी कमी ऐ....?
नौजुआन	:–	इत्थैं पैसा नेईं ऐं।
बुड्डा	:–	उत्थै हिरख नेईं ऐं।
नौजुआन	:–	पैसा पल्लै होऐ तां हिरखी बत्हेरे।
बुड्डा	:–	बा होने ओह् झूठे हिरखी गै पैसे कन्नै औने ते पैसै कन्नै गै मुक्की बी जाने न।
नौजुआन	:–	असें अपना अज्ज जीना ऐ। बाहरले मुल्खें सौ सहूलतां न दुआई दारु...सब किश ऐ।
बुड्डा	:–	बा बब्ब तेरा ते चरोकना दा बमार ऐ उसदा बी इलाज कराऽ।
नौजुआन	:–	अस छड़ा जेत्तू घोड़ै'र पैसा लान्ने आं–ओह् ते उमर भोगी बैठे दे न। अच्छा चलना तुस लोकें गी टरैं लाई रक्खो। नां तुसै कोई कम्म ऐ न इ'नैं। अच्छा वाय। (जन्दा ऐ)
बुड्डा	:–	कित्त लाने न पैसे जे कोई अपना गै नेईं होग–ए बी दौड़ादा– ते दौड़दे–दौडदे कुस'लै ढेई पौना कोई निं जानदा। छोड़ो, औं अपनी कहानी अग्गैं बधान्दे होई तुसें गी फी रुम्बलो दै सौह्रे लेई जन्ना जित्थें साढ़ी क्हानी गी इक नमीं दिशा थ्होनी

(अपने दम्मी दा सूटा लांदा ऐ ते बल्लैं बल्लैं लोऽ घटदे–घटदे न्हेरा होई जन्दा)

सीन–5

(लोऽ परतिए मंच उपर खिल्लरदी तां फी रुम्बलो दे सौह्‌रे घरे दृश्य ऐ। 3–4 बिन्ने पेदे न तल्होफू ते ओह्‌दी अम्मां आमनै सामने बैठे गल्लां करदे)

तलोफू :– बरखा तां शैल होई गेई–हून चिक्कड़ लाना बाकी ऐ।

अम्मा :– इस बारी धाने दा ओठल बी बड़ा शैल ऐ। औं गेदी ही खुम्बे।

तलोफू :– सच्च ऐ अम्मा सैला कचूच ऐ होई दा।

अम्मा :– ओह्‌ ते खरा बो सारे खुम्बे घाली–घूलियै त्यार बी किते दे जां नेईं ?

तलोफू :– अम्मां सारी धनाली त्यार ऐ (इक पास्से दा रुम्बलो दा भ्रा नैन्तू औंदा ऐ)

नैन्तू :– मासी चरण बन्दना।

अम्मा :– जुग जुग जियो पुत्र जी–जुग जुग जियो–लै बिन्ना–नैन्तुंआ बौह्‌। (बिन्ने पर बौह्‌न्दा ऐ)

तलोफू :– होर–घरा दा सुख सांद सना–सब क्या ऐ नां ?

नैन्तू :– बस–सब क्या गै समझो।

अम्मा :– (आला मारदी ऐ) रुम्बलो–ओ बच्चा रुम्बलो–बिन्द बाहरे गी आयां। दिक्खां भला कुन आदा ऐ ?

रुम्बलो :– (अन्दरा दा गै परता दिन्दी ऐ) आई अम्मां जी आई–(मंच पर औंदी ऐ ते भ्राऊ गी दिक्खी ऐ खुशी कन्नै) तुस कैलूं आए भाइया–बोबो खरी ऐ नी?संदलो दा के हाल ऐ?

अम्मा :– मसां पुज्जा गै अजें–जा कोई दुद्धे दा गलास गै लेई आ

जाइयै।

नैन्तू :– नेईं मासी नेईं–खेचल करने दी कोई लोड़ नीं ऐ–मैं किश खाना–पीना नेईं ऐ।

अम्मा :– भैनूं दै घर भ्रा आवै ते किश खा नेईं, ए ते नेईं न होई सकदा। जा रुम्बलो लेई आ।

रुम्बलो :– खरी–अम्मा जी लेई औन्नी आं (जान लगदी ऐ)

नैन्तू :– तूं मेरै कोल बौह् हां कुड़े–(बिन्नै र वौंहदे होई) सना कुड़े तूं राजी ऐं नीं–

अम्मा :– खरी भली ऐ–इसी केह् होना –अन्दर–बाहर सब किश इसदा ऐ–साढा बेल्ला ते हून होई गेदा ऐ–चुंज डोबी दी ते पर सुआदे।

तल्होफू :– होर सुनाओ रुणी–शूणी लाऊड़ी नीं जां अजैं...?

नैन्तू :– अजैं कुथैं। अजैं बाडी घालने गी पेदी। कलापी जिन्द होऐ तां सब मुश्कल होई जन्दा ऐ।

अम्मा :– तुस करो गल्लां–बुड्ढें दा केह् कम्म जागतें–पूगतैं बश्कार। (जन्दे जन्दे) रुम्बलो दिक्खेआ जागत बिना खाद्दे जन्दा।

नैन्तू :– मासी बौह् ते सेई हां–ओह् अम्मा आखी भेजा दा जे अत्तरुं छट्ट ऐ–ते छट्टी र रुम्बलो गी भेजेओ–ब्हानै नै मिली–गिली बी लैन्दी।

अम्मा :– अच्छा–अच्छा तां तूं भैनू गी सद्दने गी आदा–बा लड़ेआ–छट्टी र साढ़ै बी सियां–मण्डे बनांदे न–इत्थैं खाई लैन्दी।

नैन्तू :– सियां दा ब्हाना बने दा। माऊ धियू दा मिलना होई जन्दा–चिर होआ इन्नै प्याकै बी गेदे।

तल्होफू :– होई औंदी, की अम्मा? छट्टी दै इस ध्यारै र प्योकिए धीएं–ध्यानी गी सददे सम्हालदे गै। ठीक ऐ नीं अम्मा ?

अम्मा :– (थोडे गुस्सै च) अपूं गै सब किश मनाना–साढ़े कोला छड़ी हाम्मी भरानी होन्दी।

नैन्तू :– नेईं मासी पुच्छना–भालना ते सब तुसें गी गै, तुस घरे दे बड्डे–ओ।

अम्मा :– अस सित्था दा नक्क आं–जताईं मरजी मोड़ी लैओ–बाकी करनी तुसें अपनी मर्जी गै।

तल्होफू :– अम्मा कदेईयां गल्लां करारदियां।

अम्मा :– स्याने आखदे ब्याह दै परैन्त– जनानी आस्तै पैहलें सौह्रा ते प्हौ प्योका।

नैन्तू :– गलांदिया ते तुस ठीक गै बा–अम्मा इसी बल्गादे रौहना–मासी इसी जरुर भेजेओ (हत्थ जोड़ी ऐ) प्यौके गेदे बी चिर होआ। मासी औं हून चलना।

अम्मा :– जाना कियां, भैनू कन्नै गल्ल बात नेईं होई किश खादा पीता नेई–जाना कियां ?

तल्होफू :– अज्ज रेही लैओ–बड्डुलै जायां उठी।

अम्मा :– होर के, पता ते लग्गै भैनू घर भ्रा आए दा।

नैन्तू :– भी औगा कुतै–अच्छा कुड़िए (बाहरे गी जान लगदा ऐ)

रुम्बलो :– तुसैं अम्मा दा सुख सांद नीं सनाया ते.....

अम्मा :– (गुस्सै च) सब किश ठीक ऐ तां गै तुसी सद्दादे न, किश अपूं बी समझी लैना चाहिदा।

नैन्तू :– अम्मां खरी ऐ बा तुकी बड़ा चेता करदी ते संदलो बी सद्देआ हा तुगी। गलांदी ही मिलने दा बड़ा मन ऐ। हून औ चलना।

रुम्बलो :– भाईया गलायो जे... (जन्दा उठी ऐ रुम्बलो दा इक पैर जन्दे भ्राऊ आलै पासै बधदा ऐ ते नजर सस्सू आलै पास्सै... कदम उत्थैं गै रुकी जन्दा–पिंछो दा गाना चलदा ऐ)

''अम्मा मिगी सद्दी भेजेआं मैं प्योके गी जाना
मैं प्योके गी जाना अडेओ मैं प्योके गी जाना''

अम्मा :– की–भ्राऊ गी वरदाह्ने नेईं जाना अग्गै तोह्ड़ी ?जा...।

तल्होफू :– जाना हा तां पैह्लै जन्दी–रौहन दे हून–अंत्तरु जाई प्योकै गै बरा'ग चकाई लैआं–की अम्मा?

अम्मा :– दिक्खी लैने, जनोग तां जन्दी–नेईं तां फी सेई कदैं। बड़े ध्याडे औने।

रुम्बलो :– बोबो छट्ठी उप्पर सद्दा दा ऐ छट्ठी उपर प्योकै जाने दा रबाज़ ऐ।

अम्मा :– (थोडा गुस्से नै) अपना घर बी दिक्खना नेईं। ब्याह दै बाद प्योका छुडकी जन्दा।

रुम्बलो :– बा मैं गेदे बी 6 म्हीने होई गेदे, माऊ सद्दादा। प्यौके माऊ सतीं गै होन्दे। फी कु'न सददा ते कुन जन्दा।

अम्मा :– इन्ना लाड होऐ तां कुडिए दा ब्याह नीं करना–अपनै कोल गै रखनी–(बाहरे गी जन्दी उठी ऐ)

रुम्बलो :– (रोन्दे होई) मिगी प्याके की नीं भेजदे ?

तल्होफू :– चुप कर औं कोशिश करना–अम्मा गी मनाने दी–तुगी जरुर भेजगा।

रुम्बलो :– जेकर ओ नेईं भेंजगन–तां......?

तल्होफू :– तां दी तां सोचगे मन भारा नीं करेआं।

रुम्बलो :– किन्नै चिर जाना असैं प्योके–माऊ दे बाद कुन पुच्छना असें गी।

तल्होफू :– कदेइयां गल्लां करानी, पलै च गै केह् केह सोचना लगी पौनी।

रुम्बलो :– मने गी दुख लग्गै तां–मनै डींगा त्रेडा सोचना पौन्दा (बाहरे गी जंदा ऐ) कुडिएं र चबक्खे पैहरे गै न–सारें दी गल्ल मन्ननी, कुसै अग्गैं बोलना नेईं–अपना दुख अपूं गै जरना–कुसे गी दस्सना नेईं (पिच्छे मुड़ी पुच्छन लगदी ऐ) अम्मां गी मनागे नेई ?(पिच्छै गी नजर करदी ऐ तलोफू उत्थों दा चली गेदा ऐ) औं कोदै नै गल्ल करारदी ही–अपने कैन्तै नै, लाडले अम्मा दे पुत्रै नै–(साह लेई) सेई होन्दा ओ अम्मा दा पुत्र मता ऐ तां गै गेआ उठी। उत्थैं मेरी अम्मा मिगी बलगदे रौहना–इत्थैं इ'नै मिगी भेजना नेईं–मेरा केह् होग–ताईं मेरा मन नेईं लग्गना–तुआईं मैं पजोना नेईं–अम्मां औं कियां आमां... मैरे र सौंगलां न... (गाना गूंजदा ऐ)

''अम्मा मिगी सद्दी भेजेआं मैं प्योके गी जाना
मैं प्याके गी जाना लोको–मैं प्योके गी जाना....''

(लोऽ बल्लैं–बल्लैं घटन लगदी ते फी मंच'र पूरी चाल्ली न्हेरा होई जन्दा)

सीन–6

(मंच उपर बल्लैं बल्लैं लोह् खिल्लरी जन्दी ऐ)

(तल्होफू ते ओदी अम्मा खुम्बै खड़ोते दे– अम्मा सारे पास्सैं दिक्खदी ऐ– ते फी चलाक मुस्कारहट कन्नै पुत्रै पास्सै दिखदी ऐ)

तल्होफू :– अम्मा इन्नी धुप्पा र मिगी खुम्बै की लेआई (बल्लैं बल्लैं पुच्छदा ऐ)

अम्मा :– (थोहड़ा रोह् छांटदे होई) तल्होफुआ–तुगी मती धुप्प लग्गा दी – मिगी नीं लग्गा दी–जां तूं सित्थे दा बने दा ते तोह घुली जाना केह् ?

तल्होफू :– (डरी ऐ) नेईं–नेईं अम्मा औं इयां गै पुच्छा दा हा–मिगी धुप्प नेईं ऐ लग्गा दी– (परनै कन्नै अपना पसीना पूंजदा ऐ) मौसम बड़ा शैल ऐ।

अम्मा :– ए साढ़ी पानी लग्ग जिमी ऐ ते तोह् सारे खुम्बे घाली बी छुड़े दे न।

तल्होफू :– (शर्मांदे होई) बस अम्मा सब थुआड़ा गै शीरवाद ऐ, होई गेआ कम्म।

अम्मा :– जे बेल्लै सिर रुणी नेईं लग्गी तां – तां केह् होग भला सना हां तूं।

तल्होफू :– सारी मेहनत बेकार होई जानी।

अम्मा :– खुम्बे नाज नेईं होग तां – असें खाना केह्? फाक्के लग्गने दी नोबत आई जानी।

तल्होफू :– तुस ठीक आखा दियां अम्मा जी।

अम्मा	:–	ते तूं केह्‌ चाहन्ना–साढ़े फाक्के लग्गन।
तल्होफू	:–	नेईं अम्मा जी नेईं।
अम्मा	:–	ते फ्ही–फ्ही के करना ?
तल्होफू	:–	कल्लै कोला गै रूह्‌णी लाना शुरु करी देगा–ते तौले कशा तौला मकाई सुटगा।
अम्मा	:–	घरे दे जिन्ने जीब होन–सब गै लग्गन तां गै जिमीदारी दा कम्म तोड़ चढ़दा ऐ।
तल्होफू	:–	बजुर्ग इयां गै गलांदे न।
अम्मा	:–	तां बजुर्गे दी गल्ल मनदे होई–रुम्बलो गी समझाई छुड़ेआं जे प्योकै जाने दी जिद्द नेईं करै।
तल्होफू	:–	(डरदे डरदे) बा अम्मा ओ ते अपनी त्यारी करी बैठी दी।
अम्मा	:–	(गुस्सै च) मर्जी उसदी चलनी जां साढ़ी?
तल्होफू	:–	थुआडी गै बा ....
अम्मा	:–	बा शा किश नेईं, उसी सनाई छुड़ेंआ ए सस्सू दा हुक्म ऐ।
तल्होफू	:–	(बल्लै जेही) अम्मा जान देओ उस्सी–होई औंदी दौ दिन प्योके दा।
अम्मा	:–	(करलाई ऐ) चुप कर लाड़ी दा पुत्र नीं होऐ तां औं उस सस्सू दी नूंह ऐ जेह्‌ड़ी खड़ें–खड़ोतें दे खंदी ही। असैं उसदै सामनै कदैं चुस्स नेई कित्ती–उस असें गी बड़ा कस्सियै रक्खे दा हा।
तल्होफू	:–	बा दादिये दा रोह इस बचारियै र....

अम्मा :– औं ते अजें किश गलांदी गै नीं – बा सस्सू दी गल्ल असें नीं मोड़ी कदैं–।

तल्होफू :– अम्मा छड्ड नेई होन्दी तां ....

अम्मा :– जदू साढ़ी बड्डी कुड़िए गी सौह्‌रियें छड्डी उप्पर नेईं भेजेआ हा–असैंई बी ते दुख होआ होग–तेरी भैनू बी होआ होग ना।

तल्होफू :– बा उन्दे बदले इस नै थोड़े लैने...... असैं......

अम्मा :– लाड़िए दा इन्ना गै हेजला ऐ तां तू बी जा उठी ओह्‌दे नै– औं आपूं करी लैगी खुम्बै कम्म बा परतिए ताईं मुंह नीं करेआं।

तल्होफू :– मेरे आखने दा मतलब ए हा जे.....

अम्मा :– मतलब शतलब रौहन दे अपनै कोल–असें सब मतलब पता न।

तल्होफू :– (बल्लैं बल्लैं) ओह् बी....

अम्मा :– पैहले दन्द जां ओठ ?पैहले मा जां लाड़ी....?

तल्होफू :– पैरे दियां पैर ते सिरे दियां सिर–बा दौन्नी दा अपना अपना थाह्‌र ऐ।

(सामने दा रुम्बलो दा औना)

अम्मा :– (बल्लैं–बल्लैं) अबादी ओ– मता नी मच्छरेआं...

रुम्बलो :– (कोल औंदे होई) तुस दमैं जने इत्थै ओ– मैं सारा घर शानी मारेआ।

अम्मा :– आ लाड़ी बच्चा आ– की कोई अत्त जरुरी कम्म हा के?

रुम्बलो :– कम्म ते अत्त जरुरी हा– अज्ज छड्ड ऐ– ते अम्मा मिगी सदादा ऐ।

अम्मा :– अच्छा–अच्छा ए गल्ल ऐ– दिक्खां लाड़ी– अजें सारें खुम्बें रुणी लाने गी पेदी ऐ– तेरे जाने करी कम्म रूकी जाना ऐ– चिकड़ लाने दै बाद फी जायां उठी कुसै दिन–की बे तल्होफआ?

तल्होफू :– (बल्लैं–बल्लैं) जियां तुस ठीक समझो?

रुम्बलो :– औं अज्ज जाइऐ कल्ल बड्डलै औगी उठी, ते फी आई ऐ सारा चिकड़ अपूं गै लाऊड़गी। अम्मा बी मिगी बलगदे रौह्‌ना– अम्मा जी...

अम्मा :– दिक्खां– साढ़ी कुड़ियां बी आवादियां न, अपनै प्याकै– ओ के सोचगन– जे साढ़ी भाभी अपनै प्यौकै गेई उठी?

रुम्बलो :– अम्मा दिक्खो हां बुआ बी प्याकै आवादियां, मिगी बी अपने प्योकै जान देओ हा?

अम्मा :– (गुस्सै च) साढ़ी कुड़िएं दा दुक्ख तूं जरुर करना– बा चिकड़ लाना बी ते जरुरी ऐ नी... की बै तल्होफुआ... तू बी की नीं बोलदा।

तल्होफू :– (जियां नीन्दरे चा जागदा ऐ) हैं...हैं... औं के बोलां तुस बोलां दियां ओ।

अम्मा :– तूं बी ते कुसै पास्सै हामी भर।

तल्होफू :– औं कुसै इक दै हक च नेईं बोली सकदा।

अम्मा :– तूं ते एं गै गोडू एं। दिक्ख लाड़ी... साढ़ी मर्ज़ी'यै नै नेईं जाना– अग्गै तेरी मर्ज़ी।

रुम्बलो :– जेकर अपनीं मर्ज़ी करनी होन्दी तां–मिन्नता की करनियां हियां।

अम्मा :– जेकर तो जाना गै जाना ऐ तां मेरियां शर्त मन्नी लै.. ते जा।

रुम्बलो :– (खुशी नै) नेईं जाने दी शर्त गी छोड़ी ऐ सब्बै शर्तां मंजूर न।

अम्मा :– औं बी कोई जालम थोड़ी आं–चल तेरी बड़ी मर्जी ऐ जाने दी तां – ए बड्डा खुम्बा रूह्णी लाईयै जा उठी बस हून खुश ऐ नीं।

रुम्बलो :– (डरियै) ए ते नेईं भेजने आह्ली शर्त ऐ। अम्मा ए बड्डा खुम्बा थोड़ा लग्गना मैं अज्ज– कन्नै चार क्रोह् पैंडा बी मेरे प्योके दा। औं बचारी कियां पुजगी (मिन्नत करदी ऐ)

अम्मा :– ए तूं दिक्खी लै जाना ऐ तां इन्ना कम्म ते करना गै पौना नेईं... तां....

रुम्बलो :– मैं कियां लाना सारा खुम्बा (तल्होफू बक्खी दिक्खियै)

अम्मा :– अजैं ते ध्याडी मसां शुरु होई ऐ तोह् मुकाई सुट्टना–अजैं पैह्र ध्याडा ऐ....शावाशै.... होई जा शुरु.... की वे तल्होफुआ....

तल्होफू :– होर के.... तुस ठीक.... आखा दियां.... ।

रुम्बलो :– तुस बी मेरा साथ नेईं देआरदे ओह्?

तल्होफू :– औं तेरी मदद करगा.... सारी.... पनीरी तुगी इत्थैं पजाई देगा।

अम्मा :– हां–हां–की नेईं.... ओह्।

रुम्बलो :– (रोन्दे होई) अम्मा जी.... किश ते सोचो.... ए खुम्बा लाना ते दौं त्रै दिने दा कम्म ऐ मै इक्कले अज्ज गै कियां लाना?

अम्मा :– हूने शा शुरु होई जा–रुट्टी नेईं खायां, बसां नेईं करेआं–लग्गी जाना खुम्बा–मैं आक्खेआ नीं जे अजें पैह्र ध्याडा ऐ।

तल्होफू :– अम्मा औं इस कन्नै लग्गां.... (डरदे–डरदे)

अम्मा :– औं अन्दरा दा कम्म सम्हालनी–तूं इत्थें कर–चल बे तल्होफुआ मेरै नै अन्दरे गी फी उठी आयां.... (दमैं जनै जन्दै उठी न)

(पिछुआं गीत गूंजदा ऐ)

कैसी ऐ मजबूरी माए कैसी शर्त एह् लाई
पक्खरु गास्सै खुल्ला छोड़ी पिच्छों तुपक चलाई।

तल्होफू :– रुम्बलो तूं कम्म शुरु कर–औं अन्दरा दा होइयै आया ते फी तेरी मदद करना।

अम्मा :– चल बे मेरै नै अन्दर चल आ (थोडे गुस्सै च) दमे जने जन्दे न।

तलहोफू इक दौं बारी पिच्छैं मुड़ी–मुड़ी ऐ दिक्खदा ऐ) तोह् लाई छुड़ना अजें पैहर ध्याडा ऐ।

रुम्बलो :– (चौनीं पास्सै दिक्खदी ऐ ते नमोशी होईयै गलांदी ऐ) ए खुम्बा बड़ा बड्डा ऐ। ते लाना दौं–त्रैं दिन दा कम्म ऐ। मैं इक्कलै कियां लाना। ओ बी अज्ज गै। अम्मां मैं नीं औन होना–तूं मिगी नेंई बल्गोआं... बा मै अम्मा नै जरुर मिलना–अजें पैहर ध्याड़ा ऐ। (पिच्छों दा गीत गूंजदा ऐ)

पैह्र ध्याड़ा

"अजैं पहर ध्याडा लोको
अजैं पहर ध्याडा,
अजैं पहर ध्याड़ा लोको अजैं ध्याडा"

(आप मुहार गै गल्लां करदी)

रुम्बलो :– मेरी अम्मां नै मेरे लेई बड़े लाड्डै ने सियां बना दियां होनियां–मण्डे बनाए दे होने–ओह् मेरे औने गी बलगादी ते मैं जाना गै जाना–खुम्बा भाएं किन्ना बी बड्डा होऐ मैं लाई छुड़ना–––मै–मैं लाई गै छुड़ना (विस्वास कन्नै) अम्मा (जोरै) मिगी तैरे कश औने गी कोई निं रोकी सकदा–अजैं पैहर ध्याडा ऐ–

(पिच्छो दा गाना चलदा)

अम्मा मिगी सद्दी भेजेआं मैं प्योके गी जाना।
अम्मा मिगी सद्दी भेजेआं मैं प्योके गी जाना।

रुम्बलो :– पैहलै ओठल चुक्किये लेई औन्नी आं (मंच दे इक पास्सै जाइयै ओठल चुक्कियै आनी ऐ रखदी) हून अपना कम्म शुरु करनी आं (इक पासे दा मत्था टेकी ऐ कम्म शुरु करदी ऐ) (पिच्छो दा गाना–रुम्बलो कम्म करादी ऐ)

अजैं पैहर ध्याडा लोको अजैं पैहर ध्याडा...
तौले–तौले रुणी लाई बड्डा खुम्बा लाना
अम्मां मिगी सद्दी भेजेआ, में प्योके गी जाना।
सूरय देव जी बल्लैं चलेओ, अरजां करै बचारी
मुक्कग जेकर सारा खुम्बा तां होनी ऐ प्यारी।

(मंच उपर लोई दा इक बड्डा घेरा रुम्बलो र बनदा ऐ जित्थै ओ कम्म करारदी ऐ ते दुऐ निक्के लोई दे गौलै बड्डा ऐ)

बड्डा :— वक्त दी रफ्तार भला कुन रोकी सकेआ— सूरज अपनी चाल चलदा रेहा की जे ओ चलने लेई मजबूर। रुम्बलो दी अरजें दा उरा र कोई असर नेईं हा होआरदा। बा रुंबलो गी जियां आखो अजीब ताकत थ्होई दी होऐ, कुसे मशीने कोला बी तेज गति नै रुणी लाई जारदी ही (पिच्छो दा गाना)

(बुड्डैरा लोह् मुकदी ऐ— ते लोई दे दायरे च रूम्बलो दी अम्मा आई जन्दी जेड़ी अपनी धीऽ दी इन्जारी च ऐ।)

लड़ी—लड़ी गिनी गिनी लाई लक्क निं सिद्वा कीता,
भुक्खी भानी चिकड़ै लग्गी, पानी घुट्ट नीं पिता।

अम्मा दे हिरखे दी अड़ेआ, शक्ति इन्नी आइ,
दौं दिने दा कम्म हा जेक्का, घटैं च दिता समाई।

पश्चिम पासै नज़र जे पाई— जिलमिल चमकै तारा,
सूरज गी क्रोदा दिक्खी— अच्छ त्रुटिआ सारा।

सारै गास गीत गूंजेआ— अजैं पैहर ध्याड़ा,
प्राण पखेरु गासै जाई अज्ज बी गान्दा गाना।

अम्मा मिगी सद्दी भेजेआ—मैं प्योके गी जाना,
अजैं पैहर ध्याड़ा लोको अजैं पैहर ध्याड़ा...।।

(मंच उप्पर लोऽ घटी जंदी)

रुम्बलो :— (कम्म मकाई ऐ घ्रोंदे पास्सै दिक्खदी ऐ) हे राम ए के होआ—ध्याड़ा घ्रोई गेआ— न्हेरा होई गेया— (घाबरे दे चौनी पास्सैं दिक्खदी) मैं प्योके गी कियां जाना— अम्मा (जोरैं करलांदी ऐ) अम्मां....ऽऽऽऽ, चक्र खाई ऐ भुआं ढेई पौंदी ऐ— पिच्छोआ दा गीत गूंजदा ऐ। दुऐ पासै मां बी

उसी बलगदी बलगदी दुआस होइयै बाहरे गी दिक्खदे होई बेई जन्दी ऐ। बुड्डै'र लोई दा दायरा बनी जन्दा।

बुड्ढा :– ए कहानी उस पक्खरु दी जेह्ड़ा अज्ज बरसांती दै दिनै अक्सर गौस्सै'र बोलदा सुनचोई जन्दा।

पैहर ध्याड़ा... पैहर ध्याड़ा

(पिछों दा गीत गूंजदा)

"अम्मा मिगी सद्दी भेजेआ... मैं प्योके गी जाना...
अजैं पैहर ध्याड़ा लोको... अजैं पैहर ध्याड़ा...

(बुड्ढा हत्थ जोड़दा ते मुंडी चिगड़ी करी ऐ लोकें दा धन्नबाद करदा ऐ... लोह् बल्लैं–बल्लैं घटदी घटदी मुक्की जन्दी ऐ)